Le petit mercure

Suivi éditorial par Jean-Michel Décimo

Le goût de l'Australie

Textes choisis et présentés
par Marie-Morgane Le Moël

Mercure de France

ISBN 978-2-7152-2882-5

SOMMAIRE

VOIR L'AUSTRALIE

VIVRE EN AUSTRALIE

GOÛTER L'AUSTRALIE

INTRODUCTION

L'Australie fait relativement peu parler d'elle dans le reste du monde. Le pays est lointain, il est aussi tranquille, et rend ses habitants souvent heureux. Tout juste entend-on parfois quelques histoires d'attaques de requin ou de crocodile. Alors, la surprise est de taille pour le visiteur fraîchement débarqué. Car l'Australie assomme presque, par sa beauté, sa différence. Sa vitalité également. L'île-continent fait certes quatorze fois la taille de la France, mais elle est trois fois moins peuplée, avec seulement 21 millions d'habitants. Pourtant elle s'impose comme une nation importante dans les relations internationales, partenaire essentiel en Océanie et en Asie du Sud-Est.

Il en a fallu, de la vitalité, pour construire cette nation. Les obstacles étaient nombreux, car le continent est un paradis comme un enfer, doté d'une flore et d'une faune incroyablement diverses, parfois aussi incroyablement dangereuses. Et si les côtes bénéficient de conditions climatiques enviables, l'intérieur des terres est beaucoup plus hostile.

Ce fut, souvent, à la force des bras des forçats que le pays s'est formé, à partir de la première flotte, en 1788. Et pour ces hommes, femmes et enfants déportés de Grande-Bretagne, la terre australe apportait souvent la mort et le malheur[1]. Même pour les colons libres, le continent se révélait cruel. Bien des Irlandais sont ainsi morts, à peine âgés de 20 ans, qui rêvaient d'or et succombaient à la rudesse du pays. Aujourd'hui encore, on peut apercevoir leurs tombes isolées dans la terre rouge, au détour d'un chemin de l'Outback.

Mais après deux siècles de colonisation européenne, l'Australie est devenue immensément prospère. « Lucky country[2] », c'est-à-dire pays chanceux, elle a profité de ses importantes ressources minières. Désormais, les gratte-ciel se profilent à l'horizon des villes, et les ciels sont traversés d'avions déchargeant les hommes d'affaires pressés. Dans les métropoles, des bars chics dégorgent de jeunes gens huppés. Attirés par ce pays où un avenir est possible, chaque année, des milliers de migrants frappent à la porte de la riche et multiculturelle Australie. La Grande-Bretagne, son aînée, qui autrefois la regardait de haut, en a perdu de son arrogance. Désormais, ce sont les Australiens qui se moquent de ces « whingeing poms », de ces « Britanniques pleurnichards ».

Pourtant, en dépit de son instinct pour le « mateship », la camaraderie, l'Australie a une blessure, honteuse et profonde. Car la conquête s'est faite au détriment des premiers habitants, les aborigènes, présents sur le conti-

1. Voir pour cela *La rive maudite,* excellent ouvrage de Robert Hughes décrivant la vie des bagnards en Australie.
2. Le « lucky country » est une expression utilisée pour la première fois par le sociologue Donald Horne, en 1964. Le chercheur critiquait en fait le pays, notant qu'il vivait de ses incroyables ressources, au lieu de développer des idées neuves. Depuis, le sens initial de l'expression a été quelque peu oublié.

nent depuis près de 50 000 ans. Chassés de leurs terres, parfois exterminés, privés de leurs enfants et acculés au désespoir, les indigènes n'étaient même pas comptés dans le recensement avant 1967. L'Australie était « terra nullius », une terre vide. Depuis les années 1970, les gouvernements successifs ont tenté d'améliorer la situation. Cela n'a pas suffi ; l'espérance de vie des aborigènes est toujours inférieure de 17 ans à la moyenne nationale. Aujourd'hui encore, les Australiens, indigènes et européens, s'interrogent sur la façon de changer les choses.

Le sort des aborigènes est un thème majeur de la littérature australienne. Nous en avons choisi quelques extraits, conscients de ne refléter qu'une infime partie de la situation.

Le bush et le désert de l'Outback ont également été des sources d'inspiration importantes pour les auteurs. Pour les écrivains australiens, il a fallu créer une littérature nationale, à partir de la fin du XIXe siècle. Pour les explorateurs et voyageurs, depuis le capitaine Cook, il a fallu transmettre le sentiment d'étonnement que l'Australie provoquait. Aujourd'hui encore, le continent suscite la fascination. Le pays éveille aussi comme un sentiment amoureux, dont les écrivains se défendent parfois. Ainsi, D.H. Lawrence, après son voyage aux Antipodes, fait dire au personnage principal de *Kangourou* le désir intense et dangereux de quitter tout, pour rester et se perdre dans ces terres immenses.

« Mais cet endroit-ci je l'ai dans les moelles, et je m'y sens vivre. J'aime l'Australie.

– C'est pourquoi vous la quittez, hein ?

– Oui. J'ai peur. Ce que j'ai envie de faire, c'est de

m'enfoncer davantage dans la brousse, près d'une petite ville, d'avoir un cheval et une vache à moi, – et au diable tout le reste ![1] »

Mais avant de fuir, il reste encore quelques extraits à lire, dans ce petit recueil qui ne peut que commencer à révéler quelques-unes des immenses richesses de la terre australe.

Marie-Morgane LE MOËL

1. *Kangourou*, p. 457, éditions Gallimard.

VOIR L'AUSTRALIE

KIM SCOTT

Bienvenue

Kim Scott est d'origine britannique et aborigène. Dans son premier roman, Le Vrai Pays, *il raconte l'histoire de la communauté autochtone de Karnama, dans la région du Kimberley, au nord de l'Australie-Occidentale. Billy, un instituteur métis, est venu tenter de combler les lacunes de son passé. Racisme ordinaire et incompréhension font partie de son quotidien, mais ne diminuent pas le pouvoir envoûtant du lieu.*

C'est un bel endroit que cette contrée. Tu peux l'appeler notre pays, car c'est notre terre à nous : ici, là-bas, tout alentour. Nous avons la rivière, nous avons la mer. Nous avons les ruisseaux, les rochers, les collines, les cascades. Et toute la nourriture du bush, avec ça : les pommes, les patates, les sacs à sucre *(sugarbag),* les dindes de brousse, des kangourous, des *barramundi,* des dugongs, des tortues. De tout, en fait. Et aussi des mangues douces. Des noix de coco.

Il y a un magasin d'alimentation, une école pour nos enfants, la vieille mission toujours présente. Tout ce qu'il faut. Tu mettrais longtemps à trouver mieux, tu sais. Que chez nous.

À la saison des pluies, les rivières enflent, et leur flot nous entoure. À cet instant, nous sommes un peu comme un peuple oublié, sur une île qui rétrécirait – un endroit sans équivalent, rien qu'à nous seuls.

Voir l'Australie

Tu pourrais nous survoler sans fin, monter jusqu'aux cieux, lire le livre des rivières, des collines, des arbres, des rochers. Arriver de l'amont, tout loin là-bas vers l'Est, volant de ton vol à tire-d'aile, nourri d'observations et gorgé de souvenirs, puis planer doucement, et soudain nous trouver.

Tu découvres alors la rivière. Tu vois l'eau, ce vaste bassin bleu aux plongeons de haut vol, où nagent nos enfants. Tu distingues les jardins verdoyants entourant la mission, et les toutes petites maisons bien tranquilles, de tout là-haut. Tu aperçois les manguiers sombres, les fiers cocotiers dressés le long de la piste d'envol.

Ces pistes forment comme une croix, parce qu'il y en a deux. Les anciens les ont bâties durant la guerre, avec les soldats et les Pères de la mission, lorsque ces Japonais nous ont bombardés. Ils ont fait une croix pour que les pilotes du ciel puissent se poser.

Mais d'abord toi, dans un avion. Tu survoles la gorge, tu repères l'embarcadère où une barge accosta, il y a longtemps. Tu vois tout cela, découvrant l'endroit où la rivière embrasse l'eau salée, les îles éparpillées sur le bleu du large. Alors, ton avion vire sur l'aile, et peut-être ne vois-tu plus que du ciel, ou peut-être les arbres la route les ordures et soudain devant toi le gravier qui s'approche et s'approche et bang, tu es posé.

Bienvenue à toi.

Le vrai pays,
traduit de l'anglais par Thierry Chevrier,
avec la collaboration de Marie Derrien

JAMES COOK

Botany Bay

Le 19 avril 1770, le capitaine James Cook, lieutenant de la Marine royale anglaise envoyé à la recherche de la Grande Terre australe, aperçoit la côte sud-est de l'Australie. Il accoste quelques jours plus tard sur une péninsule qu'il baptise Botany Bay. Le navigateur britannique se dirige ensuite vers le nord et cartographie les côtes. Il revendique ainsi la possession du continent, au nom du roi d'Angleterre, George III.

6 mai. Le soir la yole revint de la pêche avec deux pastenades qui pesaient ensemble près de six cents livres. Monsieur Banks et le docteur Solander trouvèrent dans cette baie une si grande quantité de plantes que je lui donnai le nom de « baie de la Botanique ». Elle est située par 34° 0' de latitude sud et par 208° 37' de longitude ouest. Elle est spacieuse, sûre et commode. On peut la reconnaître à la forme du terrain sur la côte, qui est médiocrement élevée et assez unie, mais plus haute que les terres de l'intérieur, avec des falaises rocheuses et escarpées au bord de la mer, qui font l'effet d'une longue île qui serait située juste au-dessous de la côte. En venant du sud, on la découvre avant d'être dans son travers, mais il n'en est pas de même quand on vient du nord; l'entrée de la baie a un peu plus d'un quart de mille de large, et sa direction est ouest-nord-ouest. Les naturels ne semblent pas être nombreux, ni vivre en société, mais dispersés par petites bandes le long de la côte, au bord de l'eau. Ceux que je vis étaient à peu près de la taille des Européens, d'un brun très foncé, mais pas noirs, et leurs cheveux n'étaient ni laineux ni crépus, mais lisses et plats comme les nôtres et de couleur noire. Personne parmi nous n'en vit jamais un seul qui eût le moindre vêtement ; et ils ne portaient pas d'ornements, pas plus qu'ils n'en mettaient sur leurs huttes. Quelques-uns de ceux que nous vîmes avaient le visage et le corps colorés avec une sorte de peinture ou de teinture blanche. J'ai dit que les coquillages faisaient le fond de leur nourriture, mais ils pêchent aussi d'autres sortes de poissons, dont nous trouvâmes quelques-uns qui grillaient sur le feu la première fois que nous étions allés à terre. Ils prennent certaines espèces en les harponnant avec un trident, d'autres avec la ligne et l'hameçon ; nous les avons vus harponner des poissons, et nous avons trouvé des hameçons et des lignes dans leurs huttes. Je ne crois pas qu'ils mangent des pastenades, car je n'en ai jamais vu le moindre débris près de leurs huttes ou de leurs foyers. Mais nous ne pûmes apprendre que fort peu de choses sur leurs mœurs, puisque nous ne réussîmes pas à entrer en relations avec eux. Ils n'avaient même pas touché les objets que nous avions laissés dans leurs huttes, espérant qu'ils les emporteraient. Pendant que nous étions dans ce havre, je fis tous les jours arborer les couleurs anglaises à terre, et je fis graver sur un arbre près du lieu de l'aiguade le nom du navire, la date, etc. Ayant pris connaissance de toutes les ressources de l'endroit, le lendemain matin dès le jour, nous levâmes l'ancre et mîmes en mer, avec une brise légère du nord-ouest. Celle-ci bientôt après sauta au sud, et nous longeâmes la côte nord-nord-ouest. À midi, notre latitude par observation était de 33° 50' sud, à deux ou trois milles de la terre, en travers d'une baie dans laquelle il paraissait y avoir un bon mouillage, et que j'appelai Port-Jackson. Ce havre est à trois lieues au nord de la baie de la Botanique.

Relations de voyages autour du monde,
traduit de l'anglais par Gabrielle Rives

L'arrivée du capitaine Cook en Australie est un moment fondateur de l'histoire du pays. Pourtant, des navigateurs se sont arrêtés sur le continent mystérieux bien avant lui. Il semblerait que des marins chinois aient ainsi accosté sur les côtes nord au XIVe siècle. Puis vint le tour des Hollandais. En 1606, le Néerlandais Willem Jansz navigue par le golfe de Carpentarie, au nord du continent. Nombre de navires hollandais vont suivre, dont beaucoup font naufrage. C'est le cas du *Batavia*, objet d'une mutinerie célèbre, qui s'échoue au large de l'Australie-Occidentale en 1629. En 1642, le Néerlandais Abel Tasman est chargé par la compagnie des Indes d'explorer le golfe de Carpentarie. Mais il aborde la côte sud-ouest de l'île de Tasmanie, au sud du pays, qu'il baptise alors « terre de Van Diemen », en l'honneur du gouverneur général des Indes orientales.

Pourtant les Néerlandais sont découragés par ces expéditions vers des terres jugées inhospitalières, et ils abandonnent leurs périples. Au XVIIIe siècle, l'intérêt des Français s'éveille, et Louis-Antoine de Bougainville part à travers le

Pacifique. Il parvient en 1768 à l'est du continent, mais ne va pas outre la Barrière de corail, et manque ainsi de peu le sol australien.
Lorsqu'il parvient sur la côte orientale à bord de l'*Endeavour*, en 1770, le capitaine Cook, envoyé par la société royale, peut donc contrer l'influence des autres puissances européennes maritimes. Mais son expédition est également scientifique. Le botaniste Joseph Banks s'émerveille de la diversité de la flore australienne, d'où le nom de « Botany Bay » donné au site. À son retour, James Cook publie son carnet de voyage, qui le rend célèbre. Il entreprendra encore deux autres expéditions, et sera tué au cours d'un périple à Hawaï par des indigènes.
Il faut attendre encore dix-huit ans, et l'arrivée du capitaine Arthur Phillip et de la première flotte, pour que débute la colonisation britannique en Australie. En 1788, une colonie est établie à l'emplacement de Port Jackson, au nord de Botany Bay. Aujourd'hui, Botany Bay est un centre industriel, à quelques kilomètres au sud de la ville de Sydney.

RICHARD FLANAGAN

Terre de convicts

L'auteur Richard Flanagan est l'un des écrivains australiens les plus importants de sa génération. Essayiste et scénariste, il est également connu pour ses prises de position engagées en défense de l'environnement de son île, la Tasmanie, où se déroulent la plupart de ses romans. Devenu célèbre grâce à Dispersés par le vent *(1998), il a ensuite obtenu le prix du Commonwealth pour* Le Livre de Gould, roman en douze poissons, *en 2002. Il s'y attache à l'histoire d'un peintre convict, déporté dans une prison de Tasmanie.*

On eût dit qu'une pieuvre géante avait recouvert l'île & dévoré chaque vestige de végétation jusqu'au dernier, arbre, plante & fougère jusqu'au dernier, laissant seulement ses tentacules érigés de barrières en rondins de quinze mètres de haut ou davantage, parcourant en tous sens la colonie. Les dominaient les grands bâtiments de l'île, comme autant de têtes de kraken vif-argent : le palais de marbre rose du Commandant au pied duquel nous devions nous croire dans le fond d'une gorge creusée par l'homme où les vents déchaînés soufflaient & dont l'ombre envahissait le reste de la colonie ; la magnifique Intendance de pierre qui n'eût pas déparé un grand port ; le Pénitencier au centre duquel se trouvait un linteau cyclopéen emblasonné du curieux écu de la colonie, un masque souriant.

Puis j'ai détourné mes regards de l'île & les ai abaissés sur la mer. J'ai vu une chose que je n'avais encore jamais vue, une chose très remarquable que j'eusse aimé décrire avec des mots tout en sachant qu'il n'en existait pas : les étoiles reflétées dans la mer, brillant d'un éclat aussi vif que le ciel, comme si nous naviguions dans les cieux mêmes du Sud pour arriver en ce lieu de merveille ; comme si un millier de chandelles brûlaient juste sous la surface de la sombre eau tranquille, une lumière pour l'âme de chaque forçat enterré sur la petite île des morts à notre droite. Lorsque plusieurs de ces lumières furent éteintes par la tête & ensuite par le corps d'un homme mort qui flotta très lentement devant notre proue encalminée & arriva en vue, le visage dans l'eau, je me suis demandé si finalement le briseur de machines faisait un avec son rêve de liberté.

Le cadavre fut ensuite identifié comme celui d'un forçat évadé qui n'avait pas réussi à rallier la grande terre sur un radeau fait d'une porte. Que le capitaine voulût parler du destin du forçat ou de l'île dont il n'avait pu s'évader que dans la mort, son commentaire en regardant repêcher le corps du forçat à la gaffe me glaça.

« Un point final, dit le capitaine, à la fin de l'Empire. »

Lorsque plus tard dans la soirée le vent a fini par se lever & que nous approchâmes pour accoster, nous avons pu voir les audacieuses rues suivre & traverser les contours naturels de l'île, le vaste site d'enfouissement des déchets, les appontements inachevés & en bordure de mer les rues d'imposants entrepôts en pierre qui auraient fait honte à Liverpool – cet ensemble formait la prophétie d'une nation qui pouvait être appelée à l'existence simplement par la volonté nocturne de son chef, un homme que nous devions à juste titre finir par considérer comme extraordinaire.

Vous direz peut-être : Quelle chance pour les colonies d'avoir un pareil homme !

Mais à la vue de ses vastes chantiers navals – je dis « ses » à dessein – il est vite devenu apparent que nous étions passés d'une domination, celle des Anglais, à une autre bien plus remarquable, celle de Sa Corpulence, le Napoléon de l'Île-Sarah, le Grand Doge des Mers du Sud, le Commandant en personne. À cette époque déjà ses chantiers navals étaient les plus actifs des colonies du Sud ; beaucoup, beaucoup plus grands que ne le savaient les autorités coloniales, car pour chaque brick ou sloop construit par les forçats charpentiers avec le bois des pins Huon abattus par une chaîne de criminels pieds nus vers l'amont de la rivière Gordon, & envoyé comme une sorte de tribut au gouverneur de la Terre de Van Diemen dans la ville de Hobart, une douzaine supplémentaire était construite & réservée à la grandissante flotte de commerce de l'île, grâce à laquelle le Commandant avait établi des liens, d'abord commerciaux & puis politiques, avec des marchands javanais & plusieurs pays d'Amérique du Sud nouvellement indépendants.

Le Livre de Gould, roman en douze poissons,
traduit de l'anglais par Delphine et Jean-Louis Chevalier

En 1788, la première flotte – *First fleet* – du capitaine de la Royal Navy Arthur Phillip, arrive à Sydney. Les onze navires transportent 751 « convicts », des bagnards. Car la déportation n'est plus possible vers l'Amérique, les États-Unis ayant gagné leur indépendance, et les prisons britanniques débordent ; la Couronne trouve ainsi un moyen de se débarrasser de ses criminels.
Après des semaines de navigation, les bagnards sont utilisés comme main-d'œuvre pour construire la nouvelle colonie, dans des conditions souvent effroyables[1]. Parmi eux, beaucoup ne sont là que pour de menus larcins, par exemple pour avoir volé un mouchoir, et certains sont âgés de moins de quinze ans. La première colonie pénitentiaire est établie à Sydney, puis d'autres colonies sont créées sur le continent. À partir des années 1820, une colonie est fondée sur la terre de Van Diemen, en Tasmanie. Macquarie Harbour, dans l'ouest de l'île, et Maria Island, sur la côte orientale, accueillent des camps de prisonniers avant que le pénitencier de Port Arthur ne soit construit. Éloignés de tout, les bagnards ont ainsi peu de chances de pouvoir survivre s'ils parviennent à s'échapper de leur prison.
Progressivement la déportation cesse, et le dernier navire de convicts arrive en 1868 en Australie-Occidentale. 160 000 hommes, femmes et enfants auront été déportés, et auront tenté de survivre à des conditions de vie cruelles. Si durant longtemps, être descendant de convict a été considéré comme une tare par les Australiens, c'est désormais presque une fierté nationale, sorte d'affirmation de l'irrévérence australienne vis-à-vis de la Couronne britannique.

1. Robert Hughes, dans *La rive maudite*, dresse un portrait terrifiant des conditions de vie des bagnards.

LIAM DAVISON

Des Français en Australie

Écrivain originaire de Melbourne, Liam Davison décrit dans La Baie des Français *la région de Western Port, l'une des plus grandes baies de l'État du Victoria. Dans ce roman historique, il évoque le passage de Durmont d'Urville, navigateur français, dans la baie. Kerrison, chasseur de phoque installé à Western Port, assiste à l'arrivée des Français.*

L'*Astrolabe* remontait lentement le chenal et, quand Kerrison l'atteignit, manquant de peu d'écraser son canot contre la coque, l'équipage s'activait à la sonde, annonçant les profondeurs en français – *dix-huit, dix-neuf.* Ce chenal lui appartenait et, pourtant, Kerrison ne pouvait comprendre la manière dont ils le cartographiaient. Leur relevé lui était familier mais néanmoins étrange.

L'équipage s'aperçut de sa présence. Ils le saluèrent du bastingage et indiquèrent le point du rivage où ils avaient l'intention d'accoster. Mais personne ne l'invita à monter à bord, et personne ne montra d'intérêt pour ses peaux. Ils accostèrent loin du campement et restèrent entre eux. Kerrison et les autres chasseurs les observaient de loin, dissimulant leurs femmes.

Ils virent les Français établir une sorte d'observatoire : des instruments scientifiques pointés vers le ciel, un affût pour l'observation des oiseaux, un chevalet. Ils remontaient des eaux peu profondes des filets lourds de vase et d'étranges poissons qu'ils examinaient avec une attention étonnante. Kerrison les observait, qui tiraient sur leurs cordes, s'interpellaient en français, puis se précipitaient pour inspecter les créatures prises dans leurs filets, choses brillantes arrachées à une baie peu familière – poissons-trompettes, requins-éléphants, anguilles et jaunasses, tous étalés encore remuants sur le sable.

À l'écart de la rive, deux hommes déplaçaient leur canot entre les hauts-fonds de vase, sondant sans cesse pour compléter leurs cartes. Certains ramassaient des moules. Ils ouvraient les coquilles noires, là, sur la plage, et grattaient le contenu directement dans leur bouche. Les Français ramassèrent ainsi vingt espèces de mollusques, et à chacune donnèrent un nom. Rien n'échappait à leur intérêt, tout était dessiné, mesuré, dégusté et enregistré.

Abrités derrière leur affût, les ornithologues regardaient par une étroite fente, attendant que des foulques ou des huîtriers passent dans leur champ de vision, mais n'osant pas élargir celui-ci de crainte de ne plus rien voir. Leur intérêt était scientifique, avait dit le capitaine à Kerrison quand ils avaient accosté. « Aucune revendication territoriale, avait-il ajouté. Aucun désir d'appropriation des terres. » Pourtant, chaque jour, à la fin des observations, les chasseurs de phoques avaient l'impression qu'on leur avait enlevé quelque chose, comme si d'une certaine manière la vase, l'eau, les rochers sombres et la brousse rabougrie avaient changé maintenant qu'ils portaient des noms français.

Il en allait de même avec leur intérêt pour les femmes

des chasseurs de phoques. Au début, ils les avaient laissées tranquilles, trop occupés par le monde de la nature pour considérer les actes contre nature qui se déroulaient au campement des chasseurs de phoques. Plus tard, ils vinrent pour s'occuper des femmes, essayant d'apprendre leurs mots. Ils demandèrent à quelle tribu elles appartenaient, examinèrent les marques sur leur chair, firent des croquis d'elles tout comme ils dessinaient les oiseaux et les poissons qu'ils capturaient. Les chasseurs de phoques leur en dirent peu, sinon que les femmes leur appartenaient et qu'elles avaient choisi de rester. « Elles aiment leur travail, dirent-ils. Sinon, elles ne le feraient pas. »

La baie des Français,
traduit de l'anglais par Gail Wagman
et Marc de Gouvenain

Après le passage de Bougainville, qui manque d'aborder la côte australienne au XVIIIe siècle, les navigateurs français continuent de convoiter l'Australie. Le comte de La Pérouse, choisi par Louis XVI pour mener une expédition autour du monde, est parvenu à Sydney quelques jours seulement après la première flotte du capitaine Phillip, en janvier 1788. Il repart donc, et son navire, l'*Astrolabe,* chavire à proximité des îles Salomon. Quelques années plus tard, Antoine Bruni d'Entrecasteaux part à sa recherche ; il s'arrête en Australie-Occidentale et en Tasmanie, puis navigue vers les îles Salomon sans parvenir à retrouver trace du navigateur français.
En 1826, Julien Dumont d'Urville obtient le commandement de la *Coquille* qu'il rebaptise l'*Astrolabe* en

hommage à La Pérouse. L'explorateur accoste dans la baie de Western Port, inhabitée en dehors de quelques chasseurs de phoques européens. Inquiet de la présence française dans la région, les Britanniques cherchent alors à installer un peuplement à Western Port. Un groupe de condamnés est envoyé, mais les terres étant marécageuses, il leur est impossible de s'établir sur les lieux. Les Britanniques abandonnent alors le site, après y avoir construit un fortin.

COLIN JOHNSON

Bouleversement

Mudrooroo est né en 1938 en Australie-Occidentale, sous le nom de Colin Johnson. Auteur prolifique et énigmatique, il a contribué à la reconnaissance de la littérature indigène. Dans Le maître du rêve-fantôme, *récit onirique, fiévreux, un colon tente de « civiliser » les aborigènes. Le chaman Jangamuttuk, chargé d'initier les jeunes hommes, se rappelle l'arrivée des Blancs, moment où la vie de son peuple a été bouleversée à jamais.*

« Souvent le soir quand il fait noir, je fais un rêve doux :
Dans mon Irlande un frais ruisseau tout à côté de nous,
Ma mie couchée sur mon cœur, une pinte de bière à la main
Puis je m'réveille en pleurs, dans ce pays de vauriens. »

« Une vraie chanson de fantôme, ça. Contient tout ce qui compte pour les fantômes. C'est eux qui me l'ont apprise, il y a très, très longtemps, quand j'étais petit, un tout petit gamin. Comme vous deux. Un peu plus jeune même, parce que vous allez devenir des hommes bientôt. Cette fois-là, j'avais un ou deux ans de moins que vous. Juste un petit bonhomme qui venait de lâcher le sein de sa mère. » Une quinte de toux interrompit Jangamuttuk ; il se racla la gorge et cracha avant de reprendre : « Les ai vus quand ils sont arrivés la première fois de leur “Irlande”. Une de leurs terres, une autre s'appelle Londres, et puis l'Angleterre, et puis d'autres encore, peut-être, parce qu'il y a des tas et des tas de fantômes. Sais pas pourquoi ils ne restent pas dans leurs pays. Trop froid. Quand j'y ai été, j'ai toujours eu trop froid. Brumeux, bourbeux, tout ça, quoi.

Très loin d'ici. Si loin que seul un *mapan*, un homme malin, peut y aller. Et puis ils ont dû se bagarrer, quelque chose comme ça, alors ils ont été obligés de s'en aller. Sont arrivés par ici. Leurs bateaux ont longé toutes nos terres, et puis ils sont revenus, et ils ont tout pris, comme ça. Sans honte. Mais ils ne pensent pas comme nous. Pas la même couleur, pas la même façon de vivre. Ils nous avaient presque tous tués là-bas. Mais nous, ceux qui restaient, ils nous ont mis sur un de ces gros machins, navire, et ils nous ont amenés ici. Ils essaient de nous fabriquer comme eux. On restera ici jusqu'à ce qu'on leur ressemble tous… »

« Ma pauv'cabane est bien basse, ses murs sales c'est que d'la boue,
Sur la paille trempée je couche, mais vaut mieux pas qu'j'élève la voix,
Notre lit c'est que d'la crasse, et faut dire qu'on n'dort pas beaucoup,
Puis je m'réveille en pleurs, chaque fois ma mie que j'pense à toi. »

« Vous savez, la première fois que je les ai vus, savais pas ce que c'était. » Il se tut et fit claquer ses doigts dans six directions, avant de poursuivre. « Il suffit que tu parles d'eux, il suffit juste que tu y penses, tout d'un coup ils rappliquent tous autour de toi, ils veulent que tu leur apprennes tes secrets. Tenez, je vais vous en dire un, vous vous en souviendrez ?... Faites claquer vos doigts, comme ça... Ça éloigne tous les démons !... Leur navire, vous savez, je croyais que c'était un gros tronc d'arbre. Un gros tronc avec des rameaux qui flottaient tout autour sur la mer. Des drôles de feuilles, comme des nuages. Attrapaient le vent et le faisaient avancer ! Je n'étais pas bien futé, pas encore passé la cérémonie d'initiation. Et puis, faut le savoir, il y avait ce bruit comme le tonnerre. Pas d'éclairs, non, simplement le bruit très fort. Plus fort que la grosse branche qui craque quand le vent la saisit et la casse net.

Le maître du rêve-fantôme,
traduit de l'anglais par Christian Séruzier

Les aborigènes sont les premiers habitants d'Australie. Les estimations varient, mais l'on pense que leur présence remonte à près de 50000 ans. L'Australie est la terre de ce peuple de chasseurs-cueilleurs, bien avant que les premiers Européens n'arrivent. Un peuple varié : on estime qu'il existait près de 250 langues et 700 dialectes aborigènes. Pourtant, lorsque les Britanniques colonisent le continent à partir de 1788, le pays est considéré comme « Terra nullius », concept signifiant que le continent est vide à l'arrivée des Européens.
Le contact avec les Européens fut fatal à de nombreux autochtones. Des milliers d'entre eux furent ainsi victimes de la variole et d'autres maladies transmises par les

colons. Dépossédés de leurs terres, parfois exterminés pour laisser la voie libre aux nouveaux arrivants – en Tasmanie par exemple –, les aborigènes sont en outre soumis à de nombreuses politiques discriminatoires tout au long des XIXe et XXe siècles.
Malgré tout, les indigènes sont parvenus à survivre. À partir des années 1960, des mouvements de protestation s'organisent, et ils obtiennent enfin la citoyenneté en 1967. Il faut encore attendre 1992 pour que, par l'arrêt Mabo, la Haute Cour australienne reconnaisse le droit foncier aborigène, en donnant raison à un groupe d'aborigènes réclamant un titre de propriété sur les terres ancestrales. Aujourd'hui, l'espérance de vie de la communauté indigène – 500 000 personnes, soit 2,5 % de la population totale – est inférieure de plus de 15 ans à la moyenne nationale, et la population est la plus défavorisée du pays. Malgré tout, sa culture est parvenue à survivre à deux siècles de domination, et a réussi à se faire reconnaître, à l'étranger notamment.

DAVID MALOUF

Colons

David Malouf, né en 1934 dans le Queensland, est l'un des écrivains australiens les plus reconnus. Dans Je me souviens de Babylone, *il narre l'histoire de Gemmy Fairley, un jeune Blanc recueilli par une tribu aborigène, qui se retrouve, des années plus tard, dans un village de colons. Le roman est une fable puissante sur le choc des cultures européenne et aborigène.*

La colonisation avançait par sauts de puce, d'une petite plage côtière à une autre, l'entre-deux étant formé de territoires dans lesquels aucun blanc n'avait jamais pénétré. Et c'était bien déroutant : avoir ainsi de l'inconnu devant et derrière soi… Dès que le sifflement de la lampe mourait, la butte qu'on habitait s'enfonçait dans le silence. Parfois, les murmures d'un enfant qui ne dormait plus arrivaient à lui garder quelque humanité, ou alors c'était un froissement dans la paille; mais toujours ce qu'il restait après que le dernier dormeur s'était assagi, c'était la nuit, sans aucune limite possible dans les lieux où elle régnait, lourde au-dessus du sol. Étendu dans le noir, on écoutait le vacarme des animaux défonçant ses sous-bois, le craquement, comme d'un os qui se brise, de l'arbre cerclé là-bas dans l'enclos, puis sa chute étouffée; ou un autre bruit encore, indéfinissable, plus fort, plus lointain, un événement de l'histoire de la terre, en rien de celle qu'on vivait. Alors, l'impression d'être submergé, enfoui dans les profondeurs du pays, mais aussi perdu, était forte.

Dans les vies que tous avaient menées auparavant pour le voir ou pour l'entendre, jamais personne ou presque ne s'était aventuré loin du clocher de village ; toujours il était là lorsque, courbés sous les meulettes qu'on voulait adosser les unes contre les autres, on levait les yeux vers le ciel, toujours il y brisait l'horizon, derrière la colline ou le champ à ciel ouvert.

Ici au contraire, c'était le sol même qu'on avait sous les pieds qui semblait étrange. Jamais on ne l'avait labouré. Jusqu'à la manière de se débrouiller des intempéries, qu'il fallait réapprendre : l'averse qui trempait jusqu'aux os et, lorsque enfin l'humus était retourné, transformait la terre en boues liquides, soudain et follement faisait courir tous les petits ruisseaux du voisinage jusqu'alors asséchés ; le cyclone capable de déraciner des arbres entiers, de lancer dans les airs, avec toutes ses plaques de tôle enfoncées, coupantes et sifflant dans le vent, l'abri trop légèrement ancré dans le sol. Et tout autour, devant et derrière, pires que les intempéries et la nuit la plus profonde, il y avait les sauvages, les tribus d'aborigènes qui, à force de se balader partout sur la carte, toujours finissaient par franchir des frontières sur lesquelles on pouvait se montrer ferme le jour – un bon fusil de chasse y suffisait – mais qui, l'heure étant à des ténèbres où on ne pouvait plus être le vivant panneau tout auréolé de l'autorité du blanc, retournaient à l'état de ruisseau ou d'accore de granit qui, exactement semblables aux autres, ne disaient plus qu'à neuf cents kilomètres de là, au Lands Office de Brisbane, tel petit bout de terre avait un nom sur un document numéroté, et encore un tracé que défendait toute la force de la Loi.

Le plus déroutant n'en restait pas moins de savoir qu'à peine trois ans plus tôt, fragment d'inconnu, le lopin même sur lequel on se tenait s'était trouvé au-delà de tout et que, jungles de fourrés entre deux enclos et fougeraies loin du soleil, il pouvait encore, malgré les allées et venues de chacun, malgré la sueur qu'on versait sur son hectare ou deux de terres labourées, avoir le dernier mot de mystère. Bonne raison de le nettoyer, et le plus vite possible, de tout ce qui y faisait encore sauvage; d'y cercler les arbres, d'y ouvrir des clairières, de le réduire à ce qui enfin le rendrait, même un peu seulement, semblable au pays natal.

Je me souviens de Babylone,
traduit de l'anglais par Robert Pépin

Parvenant aux Antipodes, au XIXe siècle, les colons, venus principalement d'Angleterre et d'Irlande, découvrent un pays aride, où les conditions de vie sont difficiles. Au centre des terres, le climat peut varier de 0 degré à 40 degrés. Rapidement, néanmoins, les colons vont tenter d'instaurer un système agricole à l'européenne, et ils introduisent de nombreuses espèces : moutons et bœufs sont transportés du vieux continent, et l'élevage se répand, tandis que les forêts sont transformées en terres de pâture. Certains colons parviennent à se doter de domaines immenses, et une aristocratie terrienne naît rapidement, au détriment des aborigènes, souvent chassés de leurs terres de façon brutale.

Mais pour les colons, c'est une réussite : ils parviennent à produire rapidement des richesses des terres. En 1840, Melbourne exporte ainsi pour 5 millions de livres de laine.
Aujourd'hui, l'agriculture est un important secteur d'exportation, rapportant des milliards de dollars chaque année au pays. Mais les Australiens doivent faire face à l'impact environnemental des pratiques agricoles mises en place sur le continent. Et alors que la sécheresse empire, des mouvements de scientifiques tentent donc de promouvoir le retour aux espèces naturelles, comme la viande de kangourou par exemple.

PHILIP MCLAREN

Le cœur rouge

Écrivain aborigène, Philip McLaren évoque dans ses romans policiers la situation socio-économique défavorisée des indigènes australiens, ainsi que leur difficulté à faire accepter leur culture à la majorité blanche. Dans Utopia, *le médecin new-yorkais Jack Nugent, en disgrâce aux États-Unis, part occuper le poste de médecin de la communauté aborigène d'Utopia, à quelque 300 kilomètres au nord-est d'Alice Springs, dans le cœur rouge du Territoire du Nord. À son arrivée à l'aéroport d'Alice Springs, il est accueilli par Nora, l'infirmière du centre médical.*

Nugent s'ébroua tandis que Nora rangeait les sacs dans le Range Rover.

Confortablement installé dans la voiture qui dévalait le bitume, Nugent était stupéfait par les couleurs, à moins que ça ne soit par la qualité de la lumière. Partout, le feuillage d'un vert profond contrastait avec la terre couleur rouille. L'air qui sortait de la ventilation rafraîchissait agréablement la peau et tourbillonnait à l'intérieur du véhicule. Le soleil tapait dru à travers le pare-brise et portait le tableau de bord à une température incroyable, bien trop élevée pour qu'on puisse le toucher.

Des Noirs marchaient le long de la route, soit seuls,

soit en famille. À mesure que l'on se rapprochait de la ville, ils étaient de plus en plus nombreux.

« J'ai pensé que ce serait une bonne idée de vous montrer la ville avant de prendre la direction d'Utopia. Ça vous dit ? Utopia est en fait de l'autre côté, dit Nora en pointant vers le nord.

– Ouais, super… c'est d'accord, acquiesça Nugent qui se brancha en mode "touriste". C'est la ville là-bas ?

– Oui, c'est ça.

– Mon Dieu, cet endroit semble si isolé. À quelle distance sommes-nous de la côte ?

– Environ deux mille kilomètres à vol d'oiseau, tant vers le nord que vers le sud, et un peu plus de chaque côté. Ici, nous sommes vraiment au centre du pays.

– Comment, ou plutôt pourquoi cet endroit est devenu… comme ça ?

– Okay, vous êtes prêt ?

– Ma foi !

– Bien », dit-elle en se raclant la gorge. Elle se redressa sur son siège et alla chercher une voix plus profonde, plus professionnelle. « Bonjour, je m'appelle Nora et je serai votre guide pour la journée.

– Parfait, dit Nugent amusé.

– La ville d'Alice Springs a surgi comme un champignon autour du télégraphe qui s'est établi ici en 1870. La population est maintenant supérieure à vingt-cinq mille habitants et vous avez peut-être remarqué qu'elle est entièrement entourée par le désert. Le cœur historique d'Alice Springs est toujours visible et florissant. Il doit son nom à Alice Todd, la femme de Sir Charles Todd, le receveur en chef des Postes d'Australie-Méridionale. » Elle abandonna sa voix pour retrouver son élocution naturelle : « Il a fait le forcing pour le financement de la construction et la main-d'œuvre nécessaire à la continuité des opérations. »

Elle reprit sa voix d'accompagnatrice.

« Le nom de la première bourgade était en fait Stuart, mais devint Alice Springs en 1933. »

Nugent commença à rire franchement.

« Je suis vraiment impressionné, confessa-t-il.

– J'ai été accompagnatrice à bord des cars de touristes quand j'étais au collège, expliqua-t-elle. Vous voulez en savoir plus ? Mon laïus dure encore vingt minutes si nécessaire. »

Il acquiesça.

« Oui, allez-y ! »

Elle raconta à Nugent les paysages inhospitaliers, les ravines et les milliers de kilomètres de lit de rivières asséchées, les villes fantômes de la partie orientale de la chaîne MacDonnell, les gisements de diamants au nord, les escarpements magnifiques vers l'ouest, entre la chaîne MacDonnell et le Kings Canyon, les énigmes associées aux roches rondes des Olgas, et bien sûr l'icône absolue, Uluru, la mystérieuse balise du désert.

Utopia,
traduit de l'anglais par Philippe Boisserand
© Éditions Traversées, 2007

L'Australie est la plus grande île au monde, mais également le continent le moins densément peuplé. 7, 7 millions de kilomètres carrés sont occupés seulement par 21 millions d'habitants. Or 90 % des habitants se pressent sur les côtes, en particulier à l'est et au sud du pays. Difficile d'imaginer, lorsqu'on est sur une plage de la cosmopo-

lite et bruyante Sydney, qu'à quelques heures de route, d'autres habitants vivent dans l'isolement complet. Quatre déserts occupent le cœur du pays, sur une superficie de deux millions de kilomètres carrés. Il suffit donc de rouler quelques heures, vers le centre des terres, pour se retrouver dans un univers totalement différent, où les téléphones portables ne passent plus, les villes se font rares et les routes sont couvertes de poussière rouge.
Dans le Territoire du Nord, l'une des régions les plus isolées, Alice Springs est le passage obligé pour les touristes qui veulent visiter Uluru, ou Ayers Rocks, le plus grand monolithe au monde. Pour les enfants isolés des « stations » éloignées (ces gigantesques fermes australiennes) qui n'ont pas accès à un établissement scolaire près de chez eux, la « school of the air », l'école des ondes, opère entre autres depuis Alice Springs, leur permettant de rester scolarisés. Utopia la mal nommée, à 300 kilomètres, symbolise bien la situation des communautés aborigènes. Loin des villes, dans des zones où les services sont limités, l'accès aux soins est parfois précaire. Il existe un décalage immense entre la prospérité des villes côtières australiennes, et l'aridité des communautés du centre.

ANTOINE FAUCHERY

Faune exotique

Dans les années 1850, le Français Antoine Fauchery (1823-1861), journaliste et photographe, quitte la métropole pour l'Australie. Il embarque sur un navire anglais, à destination de Melbourne d'abord. Puis il fait le chemin en direction des mines d'or de Ballarat, où le précieux métal a été découvert en 1851. Sur la route, le Français apprécie l'incroyable diversité de la faune australienne.

On traverse une vingtaine de carrés verdoyants, une vision qui dure le temps de gravir au milieu des pampres une côte d'un demi-kilomètre, et de l'autre bord toute trace de culture s'évanouit. On entre pour soixante milles, que dis-je ! pour toujours, dans des bois, bois sans taillis, presque uniquement peuplés de grands arbres aux feuilles grises et longues, dans le genre de celles du bouleau, attachées à un branchage noueux qui s'élance en jets épileptiques d'une souche robuste en apparence, mais généralement pourrie au cœur. Une maladie implacable ronge ces pousses gigantesques, et par une brise du printemps elles s'ébranchent comme nos chênes s'effeuillent en automne. À quelques places de petits pins bien secs et bien noirs secouent leurs maigres panaches au-dessus d'un terrain stérile qui ne produit ni une fleur ni un fruit, et n'est couvert que de bois mort ou d'une herbe grossière comme chiendent sur laquelle on ne peut même pas s'asseoir. Aussi, ne vous attendez pas à voir bondir le cerf au détour du chemin, à débusquer le lièvre de sa remise, à lever sous vos pieds la perdrix ou le faisan, tous ces gibiers gourmets ne sauraient s'accommoder du pauvre ordinaire qu'offre le sol australien. Au milieu de ces vastes solitudes vous ne rencontrez que le kangaroo, dont les côtelettes d'un goût plus que médiocre témoignent assez de la sobriété de la bête. Le kangaroo-rat, petit kangaroo de la grosseur du lapin, l'opossum, moitié kangaroo, moitié chat sauvage, et l'écureuil volant se partagent les troncs d'arbres où ils gîtent le jour et d'où ils sortent la nuit pour faire retentir les échos de leurs cris plaintifs. Ces animaux de mœurs inoffensives et de chair exécrable semblent appartenir à une même famille, tous portent la poche sous le ventre, sac de voyage donné sans doute par la Providence pour qu'à la première occasion eux et leur lignée soient prêts à abandonner une contrée ingrate.

Il faut donc à peu près renoncer aux émotions de la chasse, à moins cependant qu'on ne veuille se composer une brochette de perroquets. L'Australie recèle la collection la plus riche et la plus variée de ces oiseaux ; depuis le large cacatoès noir, qui promène son vol sombre dans les plus hautes régions où plane l'aigle, jusqu'au petit perroquet gris et rose, le plus rare de tous, le dahlia bleu des volatiles ; élégant, fin, mignon, gros comme une cent-feuilles et rose comme elle, un amour de perroquet enfin. Mais, outre que ce gibier est maigre et coriace, il y aurait péché à le détruire, son plumage étant toute la gaîté et toute l'animation du paysage. Il se tient en compagnies immenses, et d'ordinaire dans les parties les moins couvertes du bois. Par une heure de soleil, ces centres de réunions atteignent les proportions les plus fantastiques pour l'œil d'un Européen. Les cacatoès blancs au casque jaune ou rouge, les petites perruches vertes, les perroquets aux mille couleurs battent des ailes, font la roue autour des branches, se poursuivent dans l'herbe, s'agitent, se mêlent et s'accouplent dans des étreintes de colombes. On croirait voir la nature à travers un kaléidoscope; les arbres sont multicolores et le terrain n'est plus qu'un tapis animé, où les rubis, les turquoises, les émeraudes et les opales s'entrelacent en capricieuses et folles arabesques. Seulement, pour jouir sans réserve de ce spectacle magique, il est prudent de se boucher les oreilles. La façon dont cette gent emplumée s'interpelle entre elle et se pose dans la langue du pays la question traditionnelle : « As-tu déjeuné, Jacquot ? » est quelque chose d'indescriptible; question, au reste, qui dans leurs becs ne doit être qu'un amer et assourdissant sarcasme dirigé contre les subsistances.

Lettre d'un chercheur d'or en Australie

L'isolement géographique du continent australien, depuis des millions d'années, a permis le développement d'espèces animales uniques. Le kangourou – il en existe une soixantaine d'espèces – est l'un des symboles nationaux. On doit également évoquer le koala, dont l'occupation principale consiste à mâcher inlassablement des feuilles d'eucalyptus. Parmi les autres mammifères étonnants, le wombat, l'ornithorynque et l'échidné – qui sont tous deux les derniers représentants au monde des mammifères ovipares –, ou encore le diable de Tasmanie, en danger d'extinction.

L'Australie compte également beaucoup de créatures effrayantes. Le pays abrite 140 espèces de serpents, certains parmi les plus dangereux au monde, comme le taïpan, la vipère du désert ou le « king brown » snake, le serpent de la mulga. Le pays est en outre connu pour ses araignées extrêmement venimeuses, la mygale à toile-entonnoir de la région de Sydney, ou la redback, l'araignée au dos rouge, mortelle elle aussi.
L'eau et l'océan cachent d'autres créatures peu avenantes ; les requins sont fréquents le long des côtes, même si les attaques restent rares. Les crocodiles préfèrent le nord du pays ; si les crocodiles d'eau douce sont peu dangereux, les crocodiles de mer, en revanche, sont régulièrement accusés d'avoir emporté un pêcheur inattentif. Quant aux méduses-boîtes, si l'on ne meurt pas de leurs piqûres, la douleur est, paraît-il, insoutenable.
Mais lorsque l'on arrive sur le continent, c'est peut-être les oiseaux que l'on remarque en premier. Pas besoin d'aller loin pour être étonné par le chant de la pie ou le rire du kookaburra, par le croassement parfois désagréable du cacatoès. L'Australie a plus de 700 espèces d'oiseaux, dont 500 sont endémiques. Dans les parcs des métropoles, on se promène entre loriquets colorés et ibis, on aperçoit des cygnes noirs sur les lacs. Dans les champs, il n'est pas rare d'apercevoir des émeus. Quant aux réveils à la campagne, ils se font dans une véritable symphonie de chants.

MURRAY BAIL

Eucalyptus

Eucalyptus, *de Murray Bail (né en 1941 à Adélaïde), est un conte pour adultes, devenu un classique de la littérature australienne depuis sa publication en 1998. À la mort de son épouse, Holland achète une ferme en Nouvelle-Galles du Sud, où il s'attelle à planter la plus grande variété d'eucalyptus qu'il peut trouver. Lorsque sa fille Helen grandit et devient une superbe jeune femme, son père la promet à l'homme qui saura reconnaître tous les eucalyptus de sa propriété.*

Bien entendu, quel que soit l'angle sous lequel on le regarde, l'eucalyptus à feuilles de saule ne ressemble absolument pas à un mât de drapeau (et Holland n'avait pas le droit de charger un simple eucalyptus d'associations sans valeur).

Il n'a rien d'élancé et n'est assurément pas blanc : prenez plutôt le boongul ou l'écorce de suif ou le blanc wallangarra, splendides exemples décorant la terre de Holland, sans parler du gommier spectre qui est blanc comme un linge. En fait, la partie inférieure normalement lisse du fût de l'eucalyptus est, chez l'*E. salicifolia,* masquée par une masse de rameaux et de feuilles, à la façon dont une barbe envahit le menton mou d'un homme, limailles sur un aimant.

Voir *E. eximia* et *E. australiana* se développer avec

leurs courageuses petites feuilles brillantes avait dû encourager Holland. Sans aucun dessein particulier en tête, il en avait planté quelques sujets de plus.

Mieux valait avoir des arbres que rien, disait l'œil ; ici, on n'était pas au Sahara.

[...]

Parallèlement à l'un des murs de la maison, il planta cent dix jeunes plants qu'il disposa scientifiquement. Les espèces choisies étaient réputées faire écran au vent : des gommiers de Steedman à la croissance rapide et des Mugga, gommiers rouges à écorce de fer – dont le nom spécifique, *E. sideroxylon,* évoque davantage les hauts fourneaux que des feuilles et de jolies fleurs. Au milieu de cette géométrie tout en longueur, Holland plaça un intrus, un unique gommier gris à écorce de fer. Il ne commencerait à se remarquer que des années après, ce qui allait avoir, pour Ellen, des conséquences si atroces qu'elles en seraient presque insupportables.

Un gommier bleu, un saumon et d'autres suivirent rapidement. Le gommier bleu est celui qui se trouve en dessous de la maison et qui, vu sous certains angles, ressemble à une épingle fichée dans un chapeau de femme : il est presque noyé sous des herbes patriotiques – dorées en été. Holland accrocha une balançoire pour Ellen à ses branches les plus basses. À cet endroit-là, le terrain présentait une déclivité, puis s'élevait de nouveau en douces ondulations ; il demeura désertique et poussiéreux comme un mouton tondu jusqu'au jour où la main de Holland lui donna des allures de parc. Le gommier bleu se reconnaît facilement. Son nom, *E. globulus,* à cause de la forme de son fruit, signale maintenant la distribution impériale de cet arbre majestueux : à travers tout le bassin méditerranéen, par forêts entières en Californie et en Afrique du Sud et dans tous les États d'Australie.

Quant à *E. salmonophloia*, Holland lui avait octroyé une place primordiale à l'entrée de la propriété.

Holland devait savoir que les gens du coin allaient se figer sur place en le voyant. En général, c'est de l'autre côté du continent, près des champs aurifères de l'Australie-Occidentale, qu'on rencontre le gommier saumon. Saumon fait référence à son écorce rosée. Transplanté, le tronc de l'arbre de Holland était lisse comme de la poudre, on aurait dit du caoutchouc ; « couleur d'un ventre de nonne », aurait affirmé quelqu'un d'autre.

Eucalyptus,
traduit de l'anglais par Michèle Albaret-Maatsch

L'eucalyptus est l'arbre symbole de l'Australie. À travers le continent, dans les zones semi-arides comme dans les zones humides – il en existe 500 variétés –, l'arbre dresse son tronc, figure fantomatique dans la nuit et repère caractéristique des paysages australiens. L'été, son odeur embaume l'air. À l'ouest de Sydney se dresse la chaîne des « Blue Mountains », les montagnes bleues, ainsi nommées car l'océan d'eucalyptus de la région émet une vapeur huileuse. À distance, les montagnes semblent ainsi entourées d'un halo bleuté.
De façon générale, le continent fut isolé durant 40 millions d'années, et l'Australie est donc dotée d'une flore unique. Dès son arrivée, en 1788, Joseph Banks, botaniste à bord de l'*Endeavour*, put s'émerveiller de la diversité locale.
Ainsi 4000 espèces de plantes sont regroupées dans le sud-ouest australien. Les banksias (du nom de Joseph

Banks), et les « kangaroo paws », ou également « pattes de kangourous », leur nom en français, font partie des endémiques remarquables.
Parmi les arbres, les acacias marquent également le paysage australien de leurs fleurs d'or.
Dans les déserts, étonnamment, les fleurs sauvages poussent également, et produisent des couleurs incroyables dès qu'elles ont accès à un peu de pluie. Quant aux forêts tropicales humides, elles sont fascinantes à découvrir ; non seulement pour leur végétation, mais pour la faune qu'elles abritent. Pour protéger cette richesse, l'Australie a mis en place des centaines de réserves et des parcs naturels.

DOUGLAS KENNEDY

Arrivée difficile à Darwin

Douglas Kennedy, écrivain américain né en 1955, vit en Europe. En 1994, il se fait connaître avec son premier roman Cul de sac, *thriller empreint d'ironie. Il y dépeint le voyage de Nick, Américain pris au piège en Australie, contraint de rester dans une communauté isolée. Mais avant d'explorer le Bush, le narrateur atterrit après de longues heures d'avion à Darwin, dans le Territoire du Nord.*

Je traînais au rayon Tourisme quand j'ai avisé un lot de vieilles cartes routières, dans un carton. Perdue au milieu d'échantillons sans intérêt de la cartographie nord-américaine se cachait une curiosité : une carte de l'Australie, éditée par le Royal Automobile Club local, millésimée 1957. Prix : 1,75 $. Allez savoir pourquoi, je l'ai dépliée par terre, au beau milieu de la boutique. Jamais je n'avais vu un truc pareil : une île, presque aussi vaste que les États-Unis, avec, pour tout réseau routier, un fil rouge qui la coupait en deux, du nord au sud, et un autre qui en bordait les côtes, comme un feston.

Une vendeuse m'a trouvé à genoux, en contemplation devant l'Australie.

« Vous comptez l'acheter, cette carte, ou pas ?

– Oui, oui, je la prends. »

[...]

De retour à l'hôtel, je me suis fait livrer une pizza et

un pack de Schlitz, et j'ai redéplié ma carte. Je n'ai pas vu passer la soirée. J'étais à Oz. Plus ça allait, plus je fantasmais sur un nom, posé comme une rosette au sommet du ruban rouge qui ceinturait l'île. Darwin... Une cité perdue au nord du septentrion. Au bout du bout du monde. L'ultime Thulé de l'Australie... À l'est, le Queensland. Renommé, à en croire mon guide, pour ses cultures fruitières, son climat semi-tropical et son ultraconservatisme – à se demander s'il n'était pas jumelé avec le Mississippi... À l'ouest, l'Australie-Occidentale. Un univers autrement fascinant...

Imaginez rouler une journée entière sans rencontrer la moindre trace de civilisation, disait mon guide. *Imaginez des centaines de milliers de kilomètres carrés de paysages grandioses, sous un ciel bleu cobalt, loin des soucis et des contraintes de la vie moderne. Au fil des 4 500 km qui séparent Darwin de Perth, vous découvrirez les merveilles naturelles dont regorge l'outback australien, une des dernières terres vierges de la planète.*

J'avais beau savoir que tout cela n'était que de la soupe rédactionnelle, j'étais incapable de détacher les yeux de la carte. Tout cet espace. Tout ce *vide* ! Assis dans cette chambre d'hôtel, mastiquant une part de pizza froide qui pleurait son huile sur Darwin et ses environs, je me suis soudain avisé que je n'étais jamais allé nulle part. [...]

[R]econsidérée depuis le sauna qui me tenait lieu de chambre, au fond de ce motel miteux de Darwin, ma décision m'apparaissait soudain comme une insondable connerie. Je craque pour une carte périmée dans une librairie de Boston et deux heures après, dans un hôtel à puces et entre deux haut-le-cœur, je décide de tout plaquer et de partir pour le trou du cul de l'Australie. J'appelle mes futurs employeurs et je leur dis – poliment – de se carrer leur job où ils veulent. Je colle tout ce que je possède au garde-meuble. Je fourgue ma Volvo bien-aimée. Je vide mon compte de toutes mes écono-croques – 10 000 $. Je demande un visa. Je prends un billet d'avion. Et, trente-six heures plus tard, je débarque à Darwin. Moralité : À trop aimer les cartes, on perd la boussole.

Cul de sac,
traduit de l'anglais par Catherine Cheval

Darwin est la capitale du Territoire du Nord, territoire couvrant 1,3 million de kilomètres carrés. La région est vaste et variée, avec un climat et une végétation tropicales dans le Top End, au nord, et des plaines désertiques et semi-arides plus au sud. Elle symbolise tout ce à quoi l'on rêve en imaginant l'Australie : les rivières luxuriantes emplies de crocodiles d'eau douce dans la région de Katherine. Dans le parc national de Kakadu, classé au patrimoine mondial de l'humanité, on peut se baigner dans les « billabongs » et observer d'importants sites d'art rupestre aborigène. Et plus au sud, se trouve Ayers Rocks – Uluru –, le plus grand monolithe au monde.
Si la découverte du Territoire est une expérience unique, l'arrivée à Darwin peut pourtant être décevante. Car la ville de quelque 100 000 habitants a beaucoup souffert des destructions au fil de son histoire. Le port, où fut fondée une première colonie européenne en 1869, a été bombardé par les avions japonais lors de la seconde guerre mondiale. Comme si cela n'avait pas suffi, le cyclone Tracy a détruit plus de la moitié des habitations,

en 1974. Aujourd'hui, la ville présente donc surtout des façades modernes, mais elle se rattrape par un mode de vie agréable, avec vue sur la mer et ambiance tropicale.

DAVID FAUQUEMBERG

Le pays des âmes perdues

En 1998, David Fauquemberg, professeur de philosophie, part en Australie durant deux ans. Il publiera un premier récit inspiré de son expérience en 2007. Son voyage initiatique, à travers la plaine de Nullarbor, et plus largement en Australie-Occidentale, le mène à la rencontre de la culture aborigène. L'immensité du continent, son aridité et sa beauté, mais aussi la mythologie aborigène, font que le continent est le lieu où les âmes aiment à se perdre.

Les rares voyageurs qui traversaient la Nullarbor dans le même sens que moi n'inspiraient vraiment pas confiance. Des paumés, des fous, des représentants au bout du rouleau. Cette route hallucinée charriait le tout-venant de la détresse humaine. Prudent, j'avais établi mon bivouac dans le bush, parmi les herbes sèches, les touffes de spinifex.

Ce matin-là, j'étais bien décidé à me remettre en marche. Dans le froid humide du petit jour, les premiers rayons du soleil caressaient une brume aux contours incertains. Au-dessus pointait la cime des arbres moribonds qui parsemaient la Nullarbor. « Plaine sans arbres. » Les cartographes n'avaient pas eu le loisir de vérifier sur place. Les galahs jacassaient du haut des branches nues. Le fracas d'une course est monté d'entre les broussailles. Presque aussitôt, j'ai aperçu le kangourou. Dans l'immobilité de son buste en équilibre, assis sur sa queue, il ressemblait au vieillard voûté, l'*old man kangaroo* des aborigènes. L'instant d'après, il avait disparu. J'ai tourné le dos à la plaine, et j'ai marché vers la station. Une baleine franche grandeur nature, de fibrociment, était échouée dans la cour. Pas moyen de la louper. Sur son flanc, on avait écrit : *« Please don't climb on whale. »* Des canettes brisées jonchaient le terrain vague qui faisait office de camping. De grosses cylindrées tape-à-l'œil exhibaient leur vulgarité au pied d'une guitoune militaire. Dans les toilettes, un barbu tatoué se brossait les dents, souffrant d'une vilaine gueule de bois. Je me suis penché pour boire au robinet crasseux. « Putain d'eau salée », a grommelé le type, la barbe pleine de dentifrice. Il s'est essuyé dans les têtes de mort de son bandana.

« Tu vas où, mec ?

– Perth.

– Et nous, de l'autre côté. Gros meeting à Adélaïde, le putain d'boxon. »

Le serveur du bar m'a reconnu, le geste las. Sale nuit. Il tenait à m'offrir un bol de café et deux œufs au bacon. « Ça, c'est pas tous les jours qu'on a des habitués. » Un gars en tenue de vélo se terrait dans son coin, regard perdu au fond d'une tasse en plastique blanc. Drôle d'endroit pour un cycliste. Je me suis assis en face de lui. Il m'a souri.

« J'en suis à la moitié de mon tour d'Australie.

– Et vous avez fait quoi, pour mériter ça ? »

Il a posé sur moi de grands yeux blasés, sérieux à l'extrême, investi d'une mission. « J'ai été boxeur olympique, on m'a appris à encaisser. » À en juger par ses arcades, son nez martyrisé, il avait dû livrer un combat de trop. Ou plusieurs. « Tu comprends rien, bien sûr. Moi, je sais où je vais. »Il s'est jeté vers la porte sans un au revoir. En ressortant, j'ai aperçu la silhouette besogneuse qui pédalait face au soleil. Deux dingos faméliques sortis des buissons ont traversé la route. Quand ils m'ont vu, ils se sont arrêtés, curieux. Ils étaient chez eux, pas moi. Même la baleine hilare me semblait mieux intégrée au cadre du désert, moins déplacée. Je perdais mon sang-froid dans cette immensité. J'allais à pied, comme les anciens explorateurs, qui avaient eu, en Australie, l'étrange manie d'expirer à trois kilomètres du but, happés par les sables mouvants ou la gueule d'un crocodile. Des éclats de voix m'ont tiré de mes divagations.

Nullarbor

VIVRE EN AUSTRALIE

ARTHUR UPFIELD

Nullarbor

Arthur Upfield (1888-1964), né en Angleterre, est expédié par son père en Australie à l'âge de dix-neuf ans. Au cours de ses pérégrinations, il rencontre un policier métis, qui va lui inspirer le personnage de Napoléon Bonaparte. Grâce à sa double culture, Napoléon – « Bony » – parvient à résoudre les enquêtes les plus difficiles du bush. Arthur Upfield fut décrit par Tony Hillerman comme le « pionnier du polar ethnologique ». Dans L'homme des deux tribus, *Bony doit retrouver une jeune femme, disparue dans la plaine désertique de Nullarbor. Il est aidé par un policier local, Easter.*

Le repas fut déchargé et, pendant que l'eau chauffait, ils restèrent debout et scrutèrent la plaine de Nullarbor, simplement parce qu'il n'y avait rien d'autre à regarder.

– Ça ne doit pas être très agréable quand la tempête fait rage, dit Bony.

Easter lui fit part d'expériences au cours desquelles il avait été content de s'allonger à plat ventre avec un rocher à portée de la main pour s'accrocher au sol.

– D'après ce que j'ai compris, il n'y a ni grottes, ni cavernes, ni tunnels de circulation d'air au nord de la voie ferrée. Vous croyez que c'est vrai ?

– On n'en a jamais trouvé, répondit Easter. Mais

pour moi, ça ne veut rien dire parce que la région qui est au nord de la voie ferrée n'a pas été vraiment explorée. Le paysage est le même, que ce soit au nord ou au sud des rails. Et puis il y a autre chose.

– Quoi ?

– On raconte que les poches d'air ont été créées par les courants de l'océan. Les marées ont refoulé dans les galeries souterraines l'air qui a pu ainsi circuler en sous-sol. Vous savez tout cela, bien sûr.

– Et les Aborigènes attribuent les bruits souterrains aux gargouillis et borborygmes de Ganba, le Serpent mangeur d'hommes, ajouta Bony.

– Exactement. J'ai déjà entendu ce vieux Ganba gronder et rugir en surface et sous terre bien au sud de la voie ferrée. Et je l'ai également entendu faire son tintamarre bien au nord des rails. Même bien au nord de l'endroit où nous nous trouvons actuellement.

« Vous avez entendu dire que même les Abos des exploitations répugnent à aller dans la Nullarbor, je suppose, poursuivit Easter. Pas seulement à cause de Ganba, mais parce qu'il y a de larges zones que les troupeaux et les chevaux ne peuvent traverser, peut-être des cavités dans le calcaire. Vous vous intéressez vraiment aux cavernes et à ce genre de choses ?

– Non, avoua Bony. J'ai hérité de mes ancêtres l'horreur de l'obscurité, bien que je ne souffre pas de claustrophobie. (Il rit tout bas.) La voilà, cette fameuse Nullarbor. Tout est visible en surface, mais qui sait ce qui se cache dessous ? Ici, nous avons de l'espace, du soleil et de la chaleur. Mais aucune protection contre les tempêtes. Ici, il est impossible de se cacher, il n'y a aucun abri, même pas un arbre contre lequel s'appuyer pour que Ganba ne vous saute pas dessus. Quand on se trouve dans un monde aussi nu, on ne peut vraiment pas aimer cette nudité.

L'homme des deux tribus,

Nullarbor (« sans arbre ») est une plaine désertique, entre l'Australie-Méridionale et l'Australie-Occidentale. La région couvre plus de 200 000 kilomètres carrés, et s'étend sur près de 2 000 kilomètres d'est en ouest. Les nuits peuvent y être glaciales, tandis que les températures s'élèvent en journée à plus de 40 degrés. Couverte par la mer il y a 25 millions d'années, la plaine est la plus grande région karstique de l'Australie, parcourue de galeries souterraines, dont certaines sont remplies de lacs.
John Eyre fut le premier européen à parcourir la portion en 1841, et il a donné son nom à la route qui la traverse désormais. Une route particulière, qui compte la section de ligne droite la plus longue au monde : plus de 146 kilomètres sans virage.
La traversée de Nullarbor, lieu mythique, représente encore aujourd'hui la quintessence de l'expérience de l'Outback. Mais la voiture n'est pas la seule façon de se rendre compte de l'immensité stérile de la plaine. Le train Indian Pacific, qui relie Perth à Sydney, la traverse également. C'est là que se situe la ligne droite ferroviaire la plus longue au monde : 478 kilomètres sans la moindre courbe.

PATRICK WHITE

Le choc des civilisations

Patrick White (1912-1990) est le seul prix Nobel de littérature australien à ce jour (en 1972). L'auteur, romancier, essayiste et dramaturge célèbre, a publié douze romans, dans lesquels il évoque la vie du bush australien. Dans Une ceinture de feuilles, *publié en 1976, Ellen Roxburgh (née dans la famille modeste Gluyas), une jeune Britannique, a épousé Mr. Roxburgh, un Australien qui lui a permis de s'élever socialement. Mais la jeune femme s'éveille à ses sens, lors d'un voyage en Australie, lorsqu'elle est confrontée à une tribu aborigène. Après le naufrage de leur navire, les passagers et le capitaine Purdew ont accosté sur une rive sauvage, où ils remarquent la présence d'autochtones.*

Chaque tête se redressa comme si elle fonctionnait sur des ressorts tristement rouillés, et voilà que, sur une éminence à quelque distance, apparurent un, puis trois, puis une demi-douzaine de sauvages, pas tout à fait nus, car ils portaient une sorte de tissu primitif partant d'une épaule, drapé à travers le corps et cachant les parties sexuelles. Les indigènes étaient en outre armés de lances et d'autres instruments guerriers, probablement en bois ; seules, leurs peaux sombres avaient l'éclat d'un métal menaçant.

Les deux groupes restèrent à s'épier pendant un

temps assez long, avant que les Noirs ne disparaissent en silence au cœur de l'ombre.

Dès qu'on put supposer que les aborigènes s'étaient retirés à une distance suffisante, la voix des conjectures s'éleva dans le camp des Blancs ; on se demanda quel vilain tour ces « individus » s'apprêtaient à jouer.

Le capitaine Purdew était d'avis que « des avances chrétiennes devraient produire des résultats chrétiens », mais il ajouta en soupirant : « À moins que nos péchés ne soient si lourds qu'ils pèsent contre nous. » En tout cas, il essaya de persuader ses hommes de ne pas ouvrir le feu sur ceux qui n'étaient que « des enfants de la nature ».

Malgré les injonctions du capitaine, Mr. Courtney et l'un de ses hommes décidèrent d'aller chercher les armes, deux mousquets et un pistolet probablement inutilisables pour avoir été exposés à l'air dans le bateau. Ils allèrent jusqu'à charger les armes, en cas d'une attaque pendant la nuit, et dissuadèrent ceux qui auraient voulu allumer un feu pour remonter leur courage.

Quand il fut revenu de sa surprise devant l'intrusion des Noirs et eut surmonté le douteux plaisir esthétique que lui avaient donné leurs formes musclées et leurs peaux lumineuses, Mr. Roxburgh commença à trouver que toute cette histoire l'ennuyait. La réalité s'était toujours manifestée pour lui avec une soudaineté surprenante, et jamais de façon plus capricieuse que depuis le naufrage de la *Bristol Maid*. Il ne pouvait donc prendre qu'un intérêt très passager à la question de la défense. Sa vraie vie, celle qui lui permettait vraiment de vivre, ne recommencerait qu'à son retour dans la bibliothèque de « Birdlip House ».

Même Mrs. Roxburgh, en regardant Mr. Courtney et son acolyte charger les armes, inclinait à ne voir là qu'un exemple des jeux auxquels les hommes-enfants croient devoir jouer. Elle finit par baisser les yeux et, avec un brin d'herbe, aida une fourmi à sortir d'un creux dans la mousse.

La paix commençait à régner, et le sommeil ; une atmosphère idyllique se serait reconstituée, n'eussent été le froid qui se glissait vers eux entre les arbres, et la diarrhée qui ravageait tous les membres de la troupe. Il y avait des piétinements constants dans le sous-bois, puis le silence, qui rendait les situations privées péniblement publiques. [...]

D'après la position du soleil, il devait être environ midi, quand l'esprit le plus léthargique fut réveillé par un sifflement que suivit un bruit sourd. Une lance venait de se lancer obliquement dans le sable à quelques pas de Mr. Courtney et des marins qui menaient le cortège. La lance n'avait pas cessé de vibrer qu'une deuxième atteignit l'épaule gauche du capitaine, déchirant sa chemise et faisant jaillir un jet de sang.

Plusieurs des matelots se mirent à pousser des cris pour montrer leur courage ou déguiser leur peur, tandis que Mr. Courtney et son compagnon, qui avaient les armes, se dirigeaient vers les dunes où une quinzaine d'indigènes s'étaient rassemblés. Ceux-ci accompagnaient leurs baragouinages de gestes manifestement hostiles.

Outre la douleur et le saisissement que sa blessure avaient dû causer au capitaine, il était hors de lui à l'idée que ses subordonnés s'apprêtaient à commettre une violence. Il s'avança aussi vite que le sable le lui permettait. « Ned ! Frank !... » Et l'émotion le fit saliver si fort qu'il aspergea au passage le visage de Mrs. Roxburgh. « Ça n'arrangera rien de verser le sang !

– Ni de palabrer non plus », ajouta une voix anonyme.

Le premier officier et le matelot visèrent avec une précision qui répondait au silence soudain.

Le coup d'un des fusils retentit avec un bruit terrible aux oreilles de ceux qui le guettaient ; l'autre arme ne partit pas, à la grande fureur du marin qui comptait sur son moment de gloire.

Les sauvages poussèrent d'horribles cris quand l'un d'entre eux tomba tout convulsé et disparut derrière les dunes.

Une ceinture de feuilles,
traduit de l'anglais par Jean Lambert

DAVID MALOUF

Enfer ou paradis pour les immigrants

David Malouf, né en 1934 dans le Queensland, est un romancier mondialement connu, également poète et dramaturge. Il a reçu de nombreux prix littéraires, dont le Prix du Commonwealth, et le Prix Fémina du roman étranger en 1991, pour Ce vaste monde. Dernière conversation dans la nuit *raconte la rencontre en 1827 d'Adair, officier britannique, et de Carney, irlandais ancien forçat et coureur de brousse, qui sera bientôt exécuté. Durant la nuit, les deux hommes, tous deux exilés en Australie, vont se raconter leurs vies, et se souvenir de leur patrie.*

Il était bien là et, certaine qualité de ce pays, certain effet de son ciel haut et clair, différent ô combien de ceux d'Irlande et qui repoussait les limites de l'univers en forçant jusqu'à la voûte du crâne, s'était glissé dans sa tête, y avait altéré le sens de ce qu'il avait devant lui, et aussi derrière. Tant d'immensités, pareils lointains dans les sécheresses de l'air l'avaient dessillé à la vue d'ensemble, au contraire des grandes plaines de Pologne où, les années qu'il y avait servi, les distances étaient vides, sans route pour les traverser, ni l'espoir d'un village au loin, même insignifiant, avec des ruelles boueuses où le porc se vautre, des barrières pourries et des huttes blanchies à la chaux sous le dôme d'une petite église en bois, où il n'était, haut et déployé, qu'un vide qui attirait à des abîmes intérieurs où les questions qui se posaient n'avaient pas aisément de réponses polies, un vide qui ne touchait que soi et ce qu'enfin il y avait, ou pouvait y avoir, entre soi, l'éternité dure et inchangeable de la terre et, au-dessus, celle, elle aussi inchangeable, des étoiles.

[...]

[I]l repensa aux terres où il avait grandi. Pays de douleurs elles étaient, où la pluie fine faisait brouillard ténu et montant ainsi de l'Atlantique qu'on en avait le goût sur la lèvre et l'odeur sur le drap mis à sécher sur le buisson. Sel et douleur dessus les champs, triste pays ; désolé, rendu humain par la longue peine qu'il avait endurée, par celle qui viendrait.

Dans beaucoup de ces familles de la plaine, les hommes qui là-bas, à l'autre bout du monde, pauvres cultivateurs à bail ou journaliers, n'auraient jamais eu le moindre espoir de posséder seulement un arpent de terre, s'en voyaient ici offrir des centaines s'ils avaient la force de les arracher à la nature pour les labourer et travailler. Ce n'était sûrement pas rien.

Les huttes qui se dessinaient au loin n'avaient sans doute qu'une pièce, qu'un sol en terre battue et pas de fenêtres, mais un jour, à condition que les saisons fussent clémentes, elles seraient peut-être remplacées par des maisons en pierre de taille, comme celles que déjà les fermiers de la meilleure espèce avaient construites, et les enfants qui s'étaient retournés pour le regarder passer, garçons filiformes et fillettes à longues jambes qui avaient levé leurs mains pâles et leurs visages hâlés vers lui, auraient une vie que jamais ne pourraient imaginer leurs cousins de là-bas, ceux qui tourbaient encore, rentraient les vaches dans quelque bouverie de merde, ou gardaient les moutons dans un ravin au cœur de la lande aplatie. Toutes choses qui pouvaient échouer. Mais aussi n'en rien faire.

Ce qu'il pensait de ce pays ? Que ce n'en était pas un. Qu'on n'en était encore qu'à le rendre habitable. Qu'entreprise hasardeuse, il était exemple du désir inextinguible d'hommes et femmes à se faire une place au soleil, à s'ouvrir un bout de terre, même petit, où l'on puisse se tenir debout, sentir le sol sous ses pieds, dire : Ceci est à moi, je l'ai fait, je l'ai fait mien. Un endroit où l'on puisse se coucher aussi, et faire des enfants et dire : Ceci est à toi, je te le donne, sur toi j'en fais fond. Un endroit où la famille puisse venir à la table et de main en main se passer des assiettes de nourriture, mouton, pommes de terre qu'on avait fait rendre à la glèbe, pain avec le couteau à côté, en tranches distribuées à l'entour, semence jadis, qu'on avait plantée, puis grain ventru qu'on avait roulé entre le pouce et l'index en observant le ciel d'un œil inquiet, poids des moyettes qu'on avait traînées à travers le champ afin de les ranger à l'ancienne, la sueur coulant jusque dans l'œil, et la sueur et la poussière jusqu'au creux de l'aisselle.

Dernière conversation dans la nuit,
traduit de l'anglais par Robert Pépin

Malgré les difficultés de vivre dans ce pays où tout est à faire, les immigrants arrivent en Australie dès le XIXe siècle, dans l'espoir d'améliorer leur sort. La nation a depuis accueilli des millions de personnes. Des bagnards, mais aussi des Irlandais venus échapper à la Grande Famine,

des Européens attirés par la fièvre de l'or, ou des familles cherchant à refaire leur vie après la seconde guerre mondiale. Depuis 1945, six millions d'immigrants de plus de 170 pays se sont installés en Australie.
Durant la majeure partie du XXe siècle, la politique de la « White Australia » (l'Australie blanche) a dominé, les migrants étant sélectionnés sur des critères ethniques. Mais depuis les années 1970, le pays s'est tourné vers le multiculturalisme. *SBS*, la chaîne de télévision et radio multiculturelle qui diffuse en 60 langues chaque semaine, est un bel exemple de cette politique. Désormais, presque un tiers de la population est né à l'étranger, et 21 % des Australiens parlent une autre langue que l'anglais chez eux. Dans les rues de Melbourne ou de Sydney, quartiers italiens côtoient quartiers chinois ou grecs.
Aujourd'hui, les conditions d'obtention des visas demeurent très strictes. Néanmoins, le rêve australien d'un mode de vie confortable est encore accessible pour beaucoup.

ALEXIS WRIGHT

La politique d'assimilation

Auteur aborigène, Alexis Wright (née en 1950) vient de la tribu des Waanji, du golfe de Carpentarie. Écrivain, elle est aussi connue pour sa défense des droits autochtones. En 1997, son premier roman Les plaines de l'espoir *a été applaudi par la critique. Elle y fait le récit de l'histoire d'une mission, et évoque en particulier le destin des femmes aborigènes à travers le siècle.*

Personne n'était plus capable de veiller sur la terre, pas en permanence du moins, comme cela se faisait autrefois. La vie avait tellement changé depuis que les Blancs s'étaient tout approprié. C'était comme une guerre, une guerre non déclarée. Une guerre sans nom. Et les Aborigènes étaient enfermés dans leurs camps d'internement, comme des prisonniers des deux guerres mondiales. Mais personne ne parlait de guerre : c'était comme ça, un point c'est tout. Protection. Assimilation... autant de mots différents qui tous équivalaient à l'annihilation. L'homme blanc était certes disposé à payer pour avoir pris le tout. Mais il ne voulait pas payer pour la culture de l'homme noir, pour sa pensée. Ni pour la lente disparition de la langue de l'homme noir qui avait perdu tout lien à son pays traditionnel... devenu une terre d'élevage de bétail ou une mine prospère. Les Blancs voulaient que tout le monde devienne blanc, pense blanc. De peau, tout. Et ils étaient prêts à promettre des dédommagements, même s'ils estimaient que le préjudice était négligeable. Ils n'avaient pas l'impression d'en avoir pour leur argent – c'était autre chose que d'acheter des graines ou du bétail.

Mais personne ne pouvait changer la loi – ainsi que le maugréait Elliot en traversant les routes de l'homme blanc ou en marchant sur des empreintes de pneus laissées par des véhicules qui s'étaient embourbés en franchissant les rivières – aucun étranger ne pouvait changer l'essence de la terre. Aucun Blanc n'en avait le pouvoir.

Elliot imaginait les Blancs se tordre les mains, en proie à quelque illogique intention de maltraiter et engloutir ce qui n'était pas porté sur une carte imprimée dans le sang de leurs ancêtres. Des mains qui devenaient inertes quand la terre s'asséchait. Des mains qui enterraient des enfants morts, qui dressaient des tables où il n'y avait rien à manger. Des mains qui tentaient de combattre les feux qui détruisaient les récoltes et le bétail auxquels ils attachaient tant de prix. L'essence de leur âme. Il voyait les mêmes mains gesticuler avec une suffisance égoïste, justifier d'un revers négligent les temps difficiles, sans songer un seul instant à puiser dans la terre la véritable explication du désastre. Bonne saison, mauvaise saison ! Leurs paumes s'ouvraient pour implorer une nouvelle manne du gouvernement afin de renflouer leur existence d'étranger. Éliminer tout ce qui formait obstacle. Invoquer la malchance quand tout allait mal. Invoquer la chance quand tout allait bien. Manière simpliste d'ignorer leur propre ignorance. Rester sur place et tout dévorer. Une race laconique qui vivait d'expédients afin de formuler ses exigences et ordonner aux autres de s'y plier.

Autrefois, la nuit aurait pu être agréable. Il songea à l'époque où les esprits et les Noirs se seraient parlé. Mais depuis qu'il avait été forcé de s'exiler de sa terre traditionnelle, l'homme noir en avait peur. Il lui avait fallu altérer les relations qu'il entretenait depuis toujours avec les esprits qui avaient créé l'homme et le liaient jadis à la terre.

Les plaines de l'espoir,
traduit de l'anglais par Sabine Porte

À partir du milieu du XIXe siècle, les Européens mettent en place diverses politiques pour traiter avec les aborigènes. Sont alors adoptées des législations visant officiellement à protéger les autochtones de l'exploitation. En fait, des réserves sont créées, où les aborigènes sont obligés de vivre, utilisés comme main-d'œuvre très bon marché par les Blancs, qui leur imposent un mode de vie européanisé, et s'arrogent parfois un droit de regard sur qui ils peuvent épouser.
Tout au long du XXe siècle, la politique d'assimilation est mise en place. À partir de 1911 tous les États autorisent l'enlèvement des enfants sans l'accord parental. Ce sont surtout les enfants « demi-caste », à moitié aborigènes, qui sont pris à leurs parents, pour être confiés à des institutions ou des familles blanches. La politique perdure jusqu'à la fin des années 1960. En 1997, un rapport de la Commission des droits de l'homme est publié, révélant l'ampleur du phénomène. Il est alors estimé que 100000 enfants – désormais connus comme faisant partie de « la génération volée » – auraient été enlevés à leurs parents

entre 1910 et 1970. Après dix années de lutte pour la reconnaissance de leur souffrance, les aborigènes ont remporté une bataille : dans un discours historique, le 13 février 2008, le premier ministre australien Kevin Rudd a présenté des excuses officielles aux « enfants volés ». Désormais, la lutte continue car beaucoup réclament des compensations financières, en particulier pour le travail effectué par les enfants lorsqu'ils étaient placés dans des fermes.

PETER CAREY

Les bandits du bush

Peter Carey est l'un des écrivains australiens les plus célèbres, et également les plus primés. Né dans le Victoria en 1943, il étudie à Melbourne, puis part vivre à Londres et Sydney, avant de s'établir à New York. En 1988, il remporte le Booker Prize pour Oscar et Lucinda, *et il reçoit également à de nombreuses reprises le prestigieux prix littéraire Miles Franklin. Dans sa* Véritable histoire du Gang Kelly, *Peter Carey fait parler Ned Kelly, le bandit de brousse le plus connu d'Australie. Alors enfant, Ned est pris en charge par le bandit Harry Power, qui lui apprend comment attaquer une diligence.*

J'entendais une diligence monter la colline avec peine le cocher criait le fouet claquait. Surtout retiens les chevaux Ned a crié Harry. L'instant d'après une diligence rouge vif est apparue dans le tournant mon cœur battait dans ma poitrine toute ma colère soudainement retombée. Halte a crié le célèbre Harry Power en sortant un pistolet de sa ceinture et en tirant en l'air alors notre cheval de bât s'est cabré et m'a entraîné sur la 1/2 de la clairière vers la route et pendant que j'essayais de le retenir j'ai entendu les freins un grand hurlement d'acier mordant le bois et mon Waler s'est cabré en hennissant.

L'air s'était rempli de poussière et de panique. Jetez votre or je suis Harry Power.

J'ai calmé le cheval de bât et le Waler mais mon propre sang bouillonnait c'était terrible. Jetez-moi tout l'or a crié Harry et j'ai su que nous allions être riches et heureux.

Il y a pas d'épithète d'or a lancé une voix sèche et éraillée j'ai regardé entre les branches d'acacia et j'ai vu la diligence Yankee Coach toute luisante de Hiram Crawford qui se balançait encore sur ses ressorts flottants un cocher grand et maigre regardait à travers la poussière qui retombait.

Harry a pointé son arme droit sur la chemise du cocher. Je vais t'exploser tes saletés de tripes.

Mais le cocher était un dénommé Coady de Beechworth c'était un de ces imbéciles si nombreux dans le bush qui préféraient mourir plutôt que de se laisser impressionner par quiconque il a craché son jus de tabac dans la poussière, ça n'empêche qu'il y aura toujours pas d'épithète d'or il a dit salut l'ami attention ce gars se prend pour Harry Power.

Cette 2e remarque était adressée à un cavalier solitaire qui tournait le coin au pas venant de la direction opposée.

Peut-on savoir qui vous êtes a demandé Harry au nouveau venu.

Je suis Woodside de Happy Valley.

Eh bien colon Woodside vous êtes mon prisonnier vous allez prendre le sac d'or de ce cocher et le jeter à mes pieds.

Je lui ai dit a fait le cocher qu'il y avait pas d'épithète d'or.

Je suis Harry Power a crié Harry et je dis qu'il y en a.

Quand bien même vous seriez le duc de Gloucester a dit le cocher il y a pas d'or mon gars et vous aurez beau hurler ça ne changera pas.

Fils de p---e a rugi Harry en faisant feu délibérément ou par accident décapitant une corneille qui s'était innocemment attardée au bord de la route. L'explosion a fait si peur à mon cheval de bât nerveux qu'il a dévalé jusqu'au milieu de la route moi accroché aux rênes et m'écorchant la figure dans les acacias tout ce que je me suis dit c'est que maintenant j'étais marqué comme un voleur une femme à l'intérieur de la diligence me dévisageait.

Véritable histoire du Gang Kelly,
traduit de l'anglais par Elisabeth Peellaert

Les « bushrangers », les bandits de brousse, sont une figure emblématique de l'histoire d'Australie. Au XIXe siècle, des Irlandais anciens bagnards détroussent les voyageurs, puis à partir des années 1850, lorsque de l'or est découvert, ils s'attaquent aux transporteurs. Leurs actions leur valent souvent la sympathie des travailleurs des exploitations agricoles.

Le plus célèbre d'entre eux est Ned Kelly, dont le personnage, devenu mythique, a inspiré films et livres, et dont l'image est même utilisée dans des publicités.

Fils de paysans irlandais pauvres, né en 1854 dans le Victoria, Ned apprit très tôt à voler. Après une altercation avec la police, il dut se réfugier dans le bush. Peu à peu, la légende de Ned Kelly se construisit. Car le bandit attaquait non seulement des diligences, mais des villes entières, cambriolant les banques et se faisant parfois passer pour un policier. Sa carrière s'acheva lors de l'attaque de la ville de Glenrowan, en 1880. Acculé avec ses compagnons de vol dans la taverne locale par des policiers, Ned tenta de se sauver, mais fut capturé. Il fut condamné à la pendaison, malgré un large soutien du public. Désormais, Ned Kelly est considéré par beaucoup comme une figure héroïque. Sa célèbre armure en fer est l'un des trésors de la bibliothèque de Melbourne.

BRUCE CHATWIN

Songlines[1]

Le chant des pistes *de Bruce Chatwin, est devenu une référence pour les voyageurs. Le narrateur raconte son voyage dans l'Outback, à la rencontre des communautés aborigènes, qui lui feront découvrir leur cosmogonie. Il est aidé en cela par Arkady, qu'il vient de rencontrer à Alice Springs.*

J'étais venu en Australie pour tenter d'apprendre par moi-même, et non à partir des livres d'autres hommes, ce qu'était une piste chantée et comment elle fonctionnait. Il allait de soi que je ne pourrais pas aller véritablement au fond des choses ; cela d'ailleurs n'entrait pas dans mes intentions. J'avais demandé à une amie d'Adélaïde si elle connaissait un spécialiste de la question. Elle m'avait donné le numéro de téléphone d'Arkady.

[...]

« Si on veut s'efforcer de saisir le concept de Temps du Rêve, dit-il, il faut y voir l'équivalent aborigène des deux premiers chapitres de la Genèse... avec une différence notable.

« Dans la Genèse, Dieu a d'abord créé les "choses vivantes" et, ensuite, a façonné dans l'argile notre père Adam. Ici en Australie, les ancêtres se sont eux-mêmes

1. Songline se traduit comme le « chant des pistes ».

créés à partir de l'argile, par centaines et par milliers, un pour chaque espèce totémique.

« Ainsi quand un aborigène vous dit : "J'ai un rêve Wallaby", il veut dire : "Mon totem est le Wallaby. Je suis membre du clan Wallaby."

– Un rêve est donc un emblème clanique ? Un insigne pour distinguer "nous" de "eux" ? "Notre pays" de "leur pays" ?

– C'est beaucoup plus que cela », dit-il.

Chaque homme Wallaby croyait qu'il était issu d'un père universel Wallaby, lui-même ancêtre de tous les autres hommes Wallaby et de tous les Wallabies vivants. Les Wallabies étaient donc ses frères. En tuer un pour se nourrir relevait à la fois du fratricide et du cannibalisme.

« Cependant, insistai-je, l'homme n'était pas plus Wallaby que les Britanniques sont des lions, les Russes des ours ou les Américains des aigles ?

– Toutes les espèces, dit-il, peuvent être un rêve. Un virus peut être un rêve. On peut avoir un rêve varicelle, un rêve pluie, un rêve orange-du-désert, un rêve pou. Dans les monts Kimberley, ils ont maintenant un rêve argent.

– Et les Gallois ont les poireaux, les Écossais les chardons et Daphné a été changée en laurier.

– Toujours la même histoire », commenta-t-il.

Il continua en m'expliquant comment, lors de sa traversée du pays, chaque ancêtre avait laissé dans son sillage une suite de mots et de notes de musique et comment ces pistes de rêve formaient dans tout le pays des « voies » de communication entre les tribus les plus éloignées.

« Un chant, dit-il, était à la fois une carte et un topoguide. Pour peu que vous connaissiez le chant, vous pouviez toujours vous repérer sur le terrain.

– Et est-ce qu'un homme parti en *walkabout* suivait toujours ces itinéraires chantés ?

– Jadis, oui, approuva-t-il. De nos jours, ils voyagent en train ou en voiture.

– Et qu'arrivait-il si un homme déviait de sa route ?

– Il se retrouvait en territoire interdit et pouvait fort bien être tué à coups de flèches pour cela.

– Mais tant qu'il restait sur sa piste, il trouvait toujours des gens qui partageaient le même rêve ? Qui étaient, en fait, ses frères ?

– Oui.

– Et qui lui devaient l'hospitalité ?

– Et vice versa.

– Ainsi le chant est une sorte de passeport et de ticket-repas ?

– De nouveau, c'est un peu plus compliqué. »

En théorie, du moins, la totalité de l'Australie pouvait être lue comme une partition musicale. Il n'y avait pratiquement pas un rocher, pas une rivière dans le pays qui ne pouvait être ou n'avait pas été chantée. On devrait peut-être se représenter les *songlines* sous la forme d'un plat de spaghetti composé de plusieurs Iliades et de plusieurs Odyssées, entremêlées en tous sens, dans lequel chaque « épisode » pouvait recevoir une interprétation d'ordre géologique.

« Par "épisode", demandai-je, vous entendez "site sacré" ?

– Exact.

– C'est le genre de site dont vous faites le relevé pour la ligne de chemin de fer ?

– Si vous voulez, dit-il. Dans la brousse, à quelque endroit que vous soyez, vous pouvez indiquer n'importe quel point caractéristique du paysage et demander à l'aborigène qui vous accompagne : "Quelle est l'histoire de l'endroit ?" ou "Qui est-ce ?" Immanquablement, vous vous entendrez répondre "Kangourou" ou "Perruche" ou "Lézard", selon l'ancêtre qui est passé par là.

– Et la distance qui sépare deux de ces sites peut être considérée comme le passage d'un chant ?

– C'est précisément, dit Arkady, la raison de tous mes ennuis avec les gens de la compagnie ferroviaire. »

C'était une chose de convaincre un topographe qu'un amas rocheux était les œufs du Serpent Arc-en-Ciel ou qu'un gros bloc de grès rougeâtre était le foie d'un kangourou transpercé d'une flèche. Il en allait autrement quand il fallait le persuader qu'une bande de gravier sans traits distinctifs était l'équivalent musical de l'opus 111 de Beethoven.

En amenant le monde à l'existence par le chant, dit-il, les ancêtres avaient été des poètes dans le sens originel du mot *poiêsis,* la « création ». Aucun aborigène ne pouvait concevoir que le monde créé pût être imparfait. Sa vie religieuse tendait vers un but unique : conserver la terre comme elle était et comme elle devait être. Celui qui partait pour un *walkabout* accomplissait un voyage rituel. Il marchait dans les pas de son ancêtre. Il chantait les strophes de l'ancêtre sans changer un mot ni une note – et ainsi recréait la création.

Le chant des pistes,
traduit de l'anglais par Jacques Chabert

Le temps du Rêve est l'ère qui précède le temps, avant que la Terre ne soit créée, une période où tout était spirituel. Les aborigènes transmettent les histoires de ce temps par le chant et la narration, et éduquent ainsi les enfants, depuis des millénaires. Les histoires divergent en fonction des tribus, certaines ne sont retransmises que d'homme à homme, d'autres sont réservées aux femmes. Les *songlines*, les « chants des pistes », sont en fait des cartographies du continent. Les chants expliquent souvent comment la terre a été créée, comment une région ou une formation rocheuse est née, lors du temps du Rêve. Grâce à ces chants, qui couvrent l'ensemble de l'Australie, les aborigènes pouvaient parcourir de longues distances, des centaines de kilomètres, tout en sachant où ils se trouvaient. Certains chants étant parfois dits dans plusieurs langues, celles des territoires d'autres tribus aborigènes : le voyageur devait ainsi être multilingue s'il voulait voyager loin.

JANETTE TURNER HOSPITAL

La fièvre des mines

Janette Turner Hospital est une romancière australienne, auteur de romans et de nouvelles. Née en 1942 en Australie, elle a grandi dans le Queensland, et s'est ensuite installée aux États-Unis, comme professeur de littérature. Dans L'opale du désert, *elle livre le tableau d'une communauté isolée de l'outback. Outer Maroo, dirigée par un leader charismatique et faux prophète, regorge d'opales précieuses.*

Opale. Le mot lui-même était comme un sortilège. On pouvait caresser un mot comme « opale ». On pouvait le goûter. On pouvait l'avaler tout entier, tout cru et onctueux comme une huître, ensuite Oyster[1] n'avait qu'à ramener sa prise.

Selon la rumeur, il y avait encore plus d'opales dans les entrailles noueuses de l'ouest du Queensland que l'on pouvait en trouver dans les cavernes de Coober Pedy ou à Lightning Ridge. Des veines d'opale turquoise et d'opale rouge « éclats d'étoiles » ont sans doute hanté le sommeil des chercheurs fébriles et des gens attirés par les quêtes dangereuses. Les médiums à qui on donnait une poignée de la terre d'un ranch devinaient infailliblement la présence d'un filon. Les rêveurs ont certainement imaginé des veines d'opales qui se ramifiaient

1. *Oyster* signifie « huître » en anglais. *(N.d.T.)*

comme des rivières en crue, enchevêtrement dense, système capillaire regorgeant de richesses translucides. Dans les restaurants de routiers, on chuchotait des histoires de fortunes soudaines. Je crois que le commerce de considérations métaphysiques allait bon train autour des puits, car beaucoup croyaient que c'étaient non pas les géologues, ni même – ou alors de façon sporadique – les chercheurs d'opales qui en trouvaient, mais plutôt les dévoués, les persévérants, ceux qui avaient le cœur pur. L'opale, il fallait l'attendre au bon endroit, cela va sans dire, et dans la bonne disposition d'esprit.

[...]

Certains pamphlets, d'inspiration moins biblique, affirmaient que l'opale était l'ovule de la déesse Terre, et je crois savoir que des disputes éclataient sur la ligne Brisbane-Quilpie entre les chercheurs d'obédiences théologiques divergentes. Des rumeurs persistantes faisaient état de villes troglodytes, comme Coober Pedy, de nouvelles villes dont la présence se manifestait par l'éruption subite de paysages lunaires. On ne pouvait pas les manquer, disaient les gens, les villes étaient visibles d'en haut, amoncellements bossus de terre stérile, boursouflures blanches sur la terre rouge, ces monticules pâles constituaient le signe détectable de vie urbaine. Il est indéniable que le récif d'Oyster ressemblait à cela.

Les villes dont on faisait des commérages dans les restaurants de gares arboraient des noms comme « De Profundis », « Pensée-Profonde » et « le Puits de Pascal ». Y pénétrer sans guide était hasardeux, disait la rumeur. On y disparaissait sans avoir eu le temps de dire ouf. Des puits abandonnés attendaient les curieux, les attiraient, venaient titiller leur désir de vérité absolue. Alors, sans crier gare, les gens s'engouffraient vers l'ultime opale noire de leurs rêves.

Certaines catégories de gens – les inspecteurs des impôts, par exemple, les arpenteurs géomètres du gouvernement, les journalistes, les ouvriers de ligne des Télécommunications, les cameramen – semblaient particulièrement prédisposées à disparaître sans laisser de traces. En conséquence, il s'était créé un trafic discret de cartes runiques qui circulaient le long des pistes suivies par le bétail et dans les pubs de l'intérieur du pays, et qui comportaient la formule sacrée : *90 % des réserves mondiales d'opale*. Pèlerins, chercheurs et acheteurs de cartes, tous se répétaient comme on dit son chapelet : *90 %, 90 %, et seulement pour ceux qui ont le cœur pur.*

L'opale du désert,
traduit de l'anglais par Virginie Buhl

Outer Maroo est sorti tout droit de l'imagination de l'écrivain, mais les villes nées d'un boum minier sont nombreuses en Australie. En 1851, Edward Hargraves fut le premier à découvrir de l'or en Australie, à moins de 200 kilomètres de Sydney. Cela provoqua un afflux de prospecteurs : bientôt, des milliers de personnes sillonnaient la région. Dans le Victoria également, de l'or fut rapidement découvert. En Australie-Occidentale, la ruée vers l'or fut saluée par le succès : Kalgoorlie, à l'intérieur des terres, devint connue comme la « ville aux rues pavées d'or ».
Mais l'or n'est pas tout. L'Australie a été richement dotée en ressources minérales. Le pays est le premier exporta-

teur de charbon de la planète, le second de minerai de fer, et il possède les plus grosses réserves d'uranium au monde.
L'Australie abrite également 90 % des réserves mondiales d'opale, et des villes entières se sont formées autour de la pierre précieuse. Ainsi Coober Pedy, en Australie-Méridionale, se présente comme la capitale mondiale de l'opale. Dans l'étonnante White Cliffs, près de Broken Hill, des habitants ont construit leurs maisons dans les galeries creusées pour rechercher la pierre. Enfin à Lightning Ridge, en Nouvelle-Galles du Sud également, difficile de trouver une famille qui n'ait pas une concession où creuser pour chercher l'opale noire. Car encore aujourd'hui, il est possible de trouver une pierre de 100 000 dollars, qui fera vivre le mineur durant quelques années, jusqu'à la prochaine découverte. L'opale est plus qu'une source d'enrichissement pour ces prospecteurs, c'est un trésor que l'on recherche éternellement.

BILL BRYSON

Monarchie

Nos Voisins du dessous *est une chronique hilarante de l'écrivain américain Bill Bryson. Après avoir sillonné la Grande-Bretagne et les États-Unis, le voyageur s'attelle au continent australien, qu'il parcourt en long et en large pour écrire son récit. Un séjour à Canberra, la capitale, lui fait évoquer la politique australienne.*

Bon, maintenant je vais vous expliquer pourquoi vous ne comprendrez jamais rien à la politique australienne.

En 1972, après vingt-trois années de gouvernement conservateur libéral, l'Australie a élu un gouvernement travailliste dirigé par Gough Whitlam, un homme courtois mais entreprenant. Aussitôt il se mit à l'ouvrage et embarqua son équipe dans un programme de réformes ambitieuses : il accorda aux Aborigènes des droits dont ils n'avaient jamais joui jusqu'alors ; il amorça un processus de désengagement des troupes australiennes au Vietnam ; il instaura la gratuité de l'enseignement supérieur, et bien d'autres choses encore. Mais, comme cela arrive souvent, le gouvernement vit peu à peu sa majorité s'éroder, et en 1975 le Parlement se retrouva dans une impasse dont ni Whitlam ni le leader de l'opposition, Malcolm Fraser, n'entendaient sortir.

C'est alors qu'intervint le gouverneur général, sir John Kerr, représentant officiel de la reine en Australie. Utilisant une prérogative encore jamais appliquée, il décida de virer Whitlam, de le remplacer par Fraser et d'organiser des élections générales. On peut difficilement décrire l'indignation outragée du peuple australien devant ce qui lui apparut comme une ingérence insupportable dans sa politique intérieure. Le pays tout entier retentit de cris de colère et d'indignation. Avant même de laisser aux Australiens l'occasion de régler eux-mêmes leurs différends, le représentant non élu d'un pays situé à l'autre bout de la planète s'en était mêlé et avait tout réglé à leur place. Une façon humiliante de se voir rappeler que l'Australie était restée, de fait, une colonie soumise par sa Constitution au bon vouloir du Royaume-Uni !

Néanmoins, comme l'exigeait la loi, les Australiens organisèrent des élections générales. Et les électeurs, massivement, envoyèrent promener Whitlam qu'ils remplacèrent par Fraser. Autrement dit, l'électorat vota en toute sérénité pour l'homme dont la nomination avait tant excité leur rage pas plus tard qu'un mois auparavant. Et voilà pourquoi, comme je vous le disais, on ne comprendra jamais rien à la politique australienne.

En partie, bien entendu, le problème vient de ce qu'il est impossible de suivre cette politique lorsque vous résidez à l'étranger, puisque pratiquement rien ne filtre des affaires australiennes dans le vaste monde. Mais, même en étant sur place et en essayant de les suivre consciencieusement, vous vous retrouvez vite noyé dans des débats obscurs, des détails complexes, un embrouillamini de relations d'allégeance ou d'hostilité qui dépassent l'entendement. Mettez les Australiens en face d'un problème et ils auront tôt fait de le disséquer passionnément, de l'envisager sous tant de perspectives incongrues et d'y introduire des problèmes annexes présentant si peu de rapport avec le sujet que, très rapidement, personne n'y comprendra plus rien.

Lors de ma visite, le grand débat national qui agitait l'opinion était de savoir si l'Australie allait devenir une république, autrement dit si elle allait couper le dernier lien colonial la rattachant à la Grande-Bretagne et prendre les mesures nécessaires pour que jamais plus aucun sir John Kerr ne puisse l'humilier. Pour moi la réponse ne méritait même pas un débat. Quelle nation ne souhaiterait devenir maîtresse de son propre destin ? Voilà une décision qui semblait aller de soi.

Pourtant, en deux ans de discussions, les Australiens avaient réussi à s'empêtrer dans un imbroglio effarant, mêlant toutes les objections possibles et imaginables à une telle réforme. Qui serait le nouveau président dans ce nouveau système ? Comment s'assurer qu'il ne ferait rien de ce qu'il ne devrait pas faire ? Que ferait-on de ces choses portant des noms tels que Royal Australian Air Force ou Royal Flying Doctor Service si le pays n'avait plus rien de royal ? Que faudrait-il mettre dans le préambule à la Constitution ? Faudrait-il faire référence à ce concept australien de « camaraderie », comme le souhaitait John Howard, ou reconnaître que c'était une idée un peu vide de sens et gênante ? Oh, mon Dieu, comme tout cela est compliqué ! Au fond, on ferait peut-être mieux de s'en tenir au statu quo, en priant pour que les Britanniques restent gentils avec nous.

Nos voisins du dessous,
traduit de l'anglais par Christiane et David Ellis

L'Australie est une monarchie constitutionnelle, membre du Commonwealth. Encore aujourd'hui, le gouverneur général (pour la première fois, une femme a été nommée gouverneur général en 2008), est le représentant officiel de la couronne britannique en Australie, et le chef d'État est officiellement Elisabeth II, même si elle n'exerce aucun pouvoir.
Les liens avec la Grande-Bretagne se sont distendus au fil des ans. Bien sûr, l'influence britannique demeure forte : des sports à l'organisation des écoles en passant par la nourriture, beaucoup de choses restent indiscutablement marquées de la culture d'origine.
Néanmoins, depuis les années 1970, les Australiens prennent des distances. Car l'intervention du gouverneur général en 1975, obligeant le premier ministre Gough Whitlam à démissionner, a laissé des traces profondes. En 1984, l'Australie a abandonné *God Save the Queen*, pour adopter son propre hymne national, *Advance Australia Fair*. Un référendum sur l'établissement d'une république a échoué en 1999, car s'ils étaient en majorité favorables à la république, les électeurs n'étaient pas d'accord avec le modèle proposé. Mais régulièrement, les républicains continuent de se faire entendre ; le débat est loin d'être clos.

NIKKI GEMMEL

Panne dans le désert

Nikki Gemmel, née en 1967 à Wollongong, au sud de Sydney, est journaliste et écrivain. Après avoir raconté l'Antarctique dans son premier roman, Traversée, *elle écrit ensuite un second roman sur fond de désert australien. Dans* Les noces sauvages, *Snip, jeune artiste à la dérive, part à la recherche de son père Bud, dans une communauté isolée du centre de l'Australie. Lors d'une expédition, tous deux se retrouvent en panne, au milieu du désert.*

Huitième jour. Son ventre vide hurle de faim. La glacière exhale une odeur de pourriture. Il ne reste plus que du pain moisi, un peu de riz et deux biscuits qui s'émiettent. Avec une ration de quatre bouchées chacun, toutes les quatre heures, ils ont encore de la nourriture pour deux jours. Snip achève d'ingurgiter sa ration d'eau quotidienne. Il est deux heures dix. Son corps s'imprègne goulûment des dernières gouttes.

Elle a encore soif. Elle ne parvient plus à fermer la bouche.

Un soupir de Bud s'élève dans le silence. Il se lève avec un effort considérable, saisit le fusil et se met à le tripoter. Sans dire un mot.

Snip fait courir ses mains dans le sable, en soulève une poignée qu'elle laisse filer entre ses doigts. Il lui arrivait d'en manger quand elle était gosse. Dans les bacs à sable, à la plage, ou lorsque Bud l'avait emmenée pour la première fois dans le désert. La mangeuse de sable, c'est ainsi qu'il l'avait surnommée. Pareille à une femme enceinte en proie à une envie insurmontable, elle portait à sa bouche sa paume couverte de grains et, avec le craquement du sable contre ses dents, rendait Bud dingue.

Ses intestins lui paraissent aussi vides qu'un stade abandonné.

Elle ramasse une poignée de sable et la maintient au niveau de ses lèvres. La consistance est douce et lisse comme une plume. Snip ouvre la bouche et en teste la sécheresse. Elle ne peut pas avaler.

« Qu'est-ce que tu fais ?

– J'essaie de... de manger du sable. Ça ne se voit pas ?

– Nom de Dieu, Snip ! »

Les noces sauvages,
traduit de l'anglais par Dorothée Zumstein

Il s'agit du pire cauchemar de tout voyageur en Australie : se retrouver pris au piège du désert. Car les routes du centre du pays, et les pistes de terre en particulier, sont très peu parcourues. Régulièrement, des touristes perdus et mal préparés continuent de manquer de mourir dans l'Outback. Emmener suffisamment de provisions en eau et en nourriture est donc essentiel. Pour venir en aide aux blessés isolés, qui seraient à plusieurs heures de route (en général une mauvaise piste) d'un centre de traitement, le service des *Flying doctors*, c'est-à-dire les « médecins volants », a été créé par le révérend John Flynn, en 1928. Les médecins se rendent dans des communautés ou sur des stations isolées, à bord de leur petit avion King air tout équipé. Les médecins organisent également des visites de spécialistes à travers le bush, permettant aux habitants de l'Outback d'avoir accès aux divers services de soin. Le service des *Flying doctors*, association caritative fonctionnant grâce à des subventions de l'État et des dons du public, est une fierté nationale. Sans lui, il serait quasiment impossible de survivre dans l'Outback. En hommage, le révérend John Flynn est d'ailleurs représenté sur les billets de 20 dollars.

THOMAS KENEALLY

Terre de feu

Relativement peu connu en France, Thomas Keneally est pourtant un écrivain de renommée internationale. Né à Sydney en 1935, l'auteur veut d'abord devenir prêtre avant d'abandonner sa vocation. Il se tourne alors vers l'enseignement et l'écriture. Keneally a écrit aussi bien sur la vie australienne, que sur la seconde guerre mondiale ou la Grande famine en Irlande. Il a remporté le prix Miles Franklin à deux reprises, ainsi que le Booker Prize, pour La liste de Schindler *en 1982. Après des incendies meurtriers qui ont ravagé l'État du Victoria, en 2009, Thomas Keneally prend sa plume pour évoquer la rudesse du climat australien, et l'élan de solidarité national envers les victimes.*

Derrière ces élans de compassion se cache la conscience égoïste – que nous avons tous – qu'un jour ou l'autre un sort semblable nous attend. Je ne suis qu'à une demi-heure de voiture du centre de Sydney ; pourtant, ma maison est isolée d'un parc national de création relativement récente, sur la North Head [pointe nord] de la baie de Sydney, par une « route coupe-feu » et un mur de pierres. Au temps de l'Australie coloniale, les observateurs décriaient ce bush si non européen qui se refusait obstinément à satisfaire les sensibilités de l'hémisphère Nord. C'est précisément ce que nous adorons aujourd'hui dans notre brousse. Flânant hier sous la pluie dans le bush, près de chez moi, j'ai vu les cônes noirs du *banksia,* qui brûlent si bien dans le feu. J'ai vu les eucalyptus gorgés de résine qui peuvent non seulement se consumer avec ardeur, mais parfois exploser en crachant du feu. J'ai vu des *niaoulis* au tronc recouvert de plusieurs couches de lambeaux d'écorce à l'allure de papyrus, la base ensevelie sous des tas de cette « écorce papier » [l'arbre s'appelle *paperbark tree* en anglais], des *malukas* débordant de résine inflammable. Autant de combustible neutralisé par la pluie lors de mon passage. La pluie tombait, les inondations menaçaient sur la côte de la Nouvelle-Galles du Sud, au moment même où l'État de Victoria était dévoré par les flammes. Voilà qui semblait donner raison au poète australien Les Murray, pour qui l'Australie ne connaît que deux saisons : la sécheresse et l'inondation.

« Funestes embrasements »,
in *Courrier international* n° 67
D.R.

GOÛTER L'AUSTRALIE

BILL BRYSON

La passion du sport

Sur la route qui le mène d'Adélaïde à Canberra (1 300 kilomètres), Bill Bryson écoute la radio pour passer le temps. C'est le moment pour lui de découvrir le cricket, l'un des sports favoris des Australiens, héritage des Britanniques bien sûr.

Imaginez le cricket comme une sorte de base-ball dans lequel le pitcher, après chaque lancer, reprend la balle du catcher et s'en va au milieu du terrain. Une fois arrivé là, après une minute de pause pour reprendre ses esprits, il se retourne et fonce pleins gaz en direction de la butte du pitcher pour lancer la balle en visant les chevilles du mec en face, coiffé d'une bombe d'équitation, arborant cette sorte de gants qu'on utilise pour manipuler des isotopes radioactifs et portant un matelas ficelé autour de chaque jambe. Imaginez, en plus, qu'au cas où son malheureux adversaire ne réussirait pas à renvoyer la balle avec une énergie qui lui donne suffisamment de temps pour tenter un sprint de vingt mètres avec un Dunlopillo autour des mollets, le lanceur a parfaitement le droit de rester là où il est, sans rien faire. En fait, le règlement lui donne la permission de rester planté là toute la journée si ça lui chante, ce qu'il fait d'ailleurs, en général. Si par miracle il rate bêtement son coup, il est éliminé ; alors tous les gens qui l'entourent lèvent les bras en signe de triomphe et se donnent l'accolade. [...]

[J]e dois reconnaître qu'il y a quelque chose d'incroyablement lénifiant dans la diffusion d'un match de cricket à la radio. À peu près les mêmes vertus, d'ailleurs, qu'un match de base-ball commenté sur les ondes : cette même façon de prendre son temps, cet amour incompréhensible pour les statistiques les plus obscures ou les considérations historiques pontifiantes, ces infimes moments d'action accueillis avec un débordement d'enthousiasme. [...] Suivre deux journalistes sportifs commentant une rencontre de cricket à la radio, c'est un peu comme écouter deux pêcheurs assis dans une barque sur un lac tranquille un jour où le poisson ne mord pas. C'est faire une petite sieste sans perdre conscience. En fait, il vaut mieux ne pas comprendre tout à fait ce qui se passe. Car dans cet univers, si rare, de petites satisfactions paisibles et subtiles, tout comprendre gâcherait le plaisir.

[...]

À la réflexion, je ne connais pas de nation plus sportive. En 1996, aux jeux Olympiques d'Atlanta – exemple pris au hasard mais illustrant bien mon propos –, l'Australie, cinquante-deuxième pays du monde en termes de population, a remporté plus de médailles que toutes les autres nations sauf quatre. De plus, la gamme des sports où avait brillé l'Australie était très large (quatorze disciplines), autant que les États-Unis. Il existe peu de domaines sportifs où elle n'excelle. Et saviez-vous qu'il y a même quarante Australiens engagés comme professionnels dans les équipes de base-ball américaines, dont cinq de première division ? Et dire que les Australiens ne jouent même pas au base-ball ! Du moins pas de manière assidue, car chez eux ils se livrent à cette espèce de foire d'empoigne vaguement codifiée qu'est le football australien.

Pour ce qui est du cricket, le mystère n'est pas tant que les Australiens y excellent, c'est d'abord qu'ils y *jouent*. Le cricket m'a toujours semblé un jeu bien trop guindé pour le tempérament un peu gros bras bagarreur de ce peuple. Les Australiens préfèrent en général les sports où des malabars sommairement vêtus essaient mutuellement de s'exploser le nez. Supposons un instant que le reste de l'humanité disparaisse de la surface de la terre et que l'avenir du cricket tombe entre les mains de l'Australie, je vous garantis qu'en moins de deux générations les joueurs porteraient des shorts et utiliseraient les battes pour se taper dessus.

Et, à dire vrai, le cricket y gagnerait beaucoup.

Nos voisins du dessous,
traduit de l'anglais par Christiane et David Ellis

Pour les Australiens, le cricket est plus qu'un sport, c'est un art de vivre. Durant la période estivale de Noël, les familles se retrouvent dans les parcs durant de longues heures, pour apprendre aux plus jeunes à manier la batte. Le week-end, les joueurs habillés de blanc prennent d'assaut les pelouses, et les matchs opposant l'équipe nationale aux Néo-Zélandais ou aux Britanniques sont suivis par des centaines de milliers d'Australiens. Don Bradman, joueur de cricket des années 1930, consacré plus grand batteur de tous les temps, est une icône nationale. Mais en fait, les Australiens sont férus de toutes sortes de sport, qui varient en fonction des États. Le rugby à XIII, appelé

League, fait venir des foules immenses dans l'est du pays. À Melbourne, la finale de l'Australian Rules Football – le « footie », dérivé du football gaélique league –, est un jour où la ville cesse presque de fonctionner. Le rugby à XV, moins populaire que le rugby à XIII en Australie – à l'inverse de la France –, demeure largement apprécié, en particulier par les Australiens issus des écoles privées et des universités. Les Wallabies et leurs maillots jaunes sont suivis par des fans extatiques, qui d'ordinaire vouent une rage féroce aux All Blacks néo-Zélandais.

Et cette passion ne s'arrête pas aux sports de ballon. L'Open d'Australie ou la course cycliste Tour Down Under se sont également imposés sur le circuit international, et durant les Jeux Olympiques, presque tous les pubs retransmettent les épreuves en direct, que ce soit de gymnastique ou de natation. Pas étonnant que les bars aient besoin de plusieurs écrans de télévision, car il y a toujours une compétition sportive à montrer aux aficionados.

MILES FRANKLIN

Cavalcades

Miles Franklin est une romancière australienne, l'une des premières femmes en Australie à s'imposer dans la littérature nationale. Née en 1879 dans une famille d'agriculteurs, dans une propriété de Nouvelle-Galles du Sud, elle commence tôt à écrire, et s'engage dans la lutte féministe. Après de longs séjours à l'étranger, elle revient en Australie, où elle meurt en 1954. Miles Franklin a donné naissance au célèbre prix littéraire Miles Franklin award, décerné chaque année à un auteur australien évoquant son pays dans son œuvre. Dans l'autobiographique Ma brillante carrière, *elle évoque les affres d'une jeune artiste, qui doit s'opposer à sa famille, puis plus tard résister à l'amour pour pouvoir écrire. Elle évoque ici la douceur de vivre dans la région de la Riverina*[1].

En fin d'après-midi, quand le temps devint chaud, nous partions à la recherche de trous d'eau sur un tronçon de la rivière situé à trois kilomètres de là. [...] Tante Hélène nous accompagnait toujours dans nos expéditions de baignade pour nous surveiller. Elle était la seule à s'embarrasser d'un maillot de bain. Pour notre part, nous arrachions nos vêtements – envoyant dans notre hâte des boutons dans toutes les directions – et plongions dans l'eau merveilleusement fraîche. Puis c'étaient

1. Riverina : région au sud-ouest de Nouvelle-Galles du Sud, l'une des zones les plus agricoles d'Australie.

des bagarres dans l'eau, des espiègleries, des rires, des cris, et les folles plaisanteries que peuvent faire douze solides jeunes filles pleines de santé qui s'amusent. Tante Hélène nous appelait en général un bon moment avant que nous soyons tout à fait disposées à partir. Nous nous attardions trop longtemps, et c'était ensuite une grande bousculade pour retrouver les vêtements, puis les chevaux ; nos cheveux mouillés dégoulinant sur nos serviettes, nous rentrions à fond de train, vingt-quatre paires de sabots au galop martelant royalement la route dure et poussiéreuse. [...]

Les habitants de Caddagat étaient de fervents pêcheurs à la ligne. La pêche constituait une distraction prisée à laquelle s'adonnait souvent toute la maisonnée. L'après-midi, on déterrait une pleine boîte de vers dans l'une des rigoles, on rassemblait les équipements de pêche, on sellait les chevaux et l'on se rendait aux trous à poissons à cinq kilomètres de là [...]. Occupée à de douces rêveries, j'oubliais en général mon bouchon jusqu'à ce que la canne donnât des secousses dans ma main, et quand je tirais – trop tard ! –, le poisson avait filé ; mon oncle me semonçait parce que je bayais aux corneilles. La fois suivante, je ne quittais donc pas mon bouchon des yeux et tirais aux premiers signes d'agitation – trop tôt ! Le poisson s'échappait à nouveau et j'étais à nouveau en disgrâce. Avec un peu d'expérience, je découvris qu'il était de bonne tactique d'être aimable avec Frank Hawden quand la perspective de la pêche flottait dans l'air, car alors il surveillait ma ligne en même temps que la sienne pendant que je lisais un livre apporté en cachette. La mare aux poissons était un coin bien dissimulé par les arbustes et, bien que la grand-route passât à moins de deux cents mètres, ni nous ni nos chevaux ne pouvions être vus des passants. Couchée sur la mousse molle et les feuilles, je m'abreuvais de la profondeur des beautés de la nature. La course lente de la rivière, le parfum des arbustes, l'or du soleil couchant, la musique fracassante des sabots sur la route de temps à autre, les bruits légers des pêcheurs, le plouf d'un ornithorynque s'ébattant au milieu du courant m'arrivaient comme le plus doux des élixirs dans ce recoin idéal, rêvé pour un poète, au milieu des rochers gris, roses à leur base, tapissés de mousse.

Ma brillante carrière,
traduit de l'anglais par Nelly Lhermillier

Arrivés avec les Européens, les chevaux ont aidé à construire le pays. Nombre d'entre eux se sont échappés au cours du XIXe siècle, et sont retournés à l'état sauvage : cela a donné l'espèce des Brumbies, qui sont désormais des dizaines de milliers dans le bush. Le cheval est un symbole, d'abord pour le colon travaillant la terre et explorant le continent, mais aussi car les courses de chevaux sont une institution. La Melbourne Cup, une course de pur-sang de 3 200 mètres, est désignée comme « la course qui arrête le pays », chaque année, le premier mardi du mois de novembre. Pour l'occasion, chacun parie et cesse de travailler dans les bureaux ou les pubs, durant quelques minutes. Le jour a même été déclaré férié à Melbourne et dans le Territoire de la capitale. Le cheval le plus célèbre du pays, Phar Lap, un pur-sang d'origine néo-zélandaise, a remporté la course en 1930. Son cœur, une fois et demi plus gros que la normale, est aujourd'hui conservé précieusement au National Museum of Australia.

MICHÈLE DECOUST

La patrie du surf

L'écrivain et journaliste Michèle Decoust a consacré plusieurs livres à l'Australie. Dans les années 1980, elle tombe amoureuse d'un Australien, et passe trois ans à parcourir le continent. Elle y retournera ensuite, lors d'un périple qui ravive ses souvenirs, et dont est issu Australie, les pistes du rêve. *À Carnavon, sur la côte d'Australie-Occidentale, les surfeurs trouvent les conditions idéales.*

La grotte s'était remplie d'un coup de corps bronzés dégoulinants, enduits de la crème au zinc des surfeurs. Peter, « le shériff » à la tête de boy-scout attardé, nous avait rejoints. C'est lui qui, moyennant cinq dollars par mois et par personne, était responsable de l'entretien du camp, et d'aller chercher l'eau potable au puits du ranch le plus proche... J'avais devant moi « le gang » de Red Bluff, que les bonnes âmes de Carnarvon montraient du doigt quand ils passaient au port en coup de vent, pieds nus avec leurs T-shirts troués, le visage brûlé de sel et de vie au grand air... pour disparaître sitôt le chômage encaissé, et leurs provisions faites, dans de vieux combis rafistolés. En ville, au vu de leurs regards gorgés d'espace, on se demandait s'ils ne fumaient pas un peu trop de la *green*... ou s'ils ne vivaient pas comme des bêtes sauvages !

J'avais assisté le lendemain au rituel quotidien des

surfeurs. Craig était parmi eux, il ne résistait pas à sa vieille passion. Toute la bande avait pris le sentier de chèvres qui menait à la pointe. C'est là que se formait un rouleau unique sur toute la côte, le *lefthander,* vague parfaite qui s'incurvait sur elle-même de la gauche vers la droite, et leur offrait des sensations neuves, jamais éprouvées. C'est pour cette vague qu'ils accouraient de tout l'Ouest à partir du mois de mars, quand les grandes houles arrivaient… secret encore bien gardé, tant leur peur était grande de voir les allumés de la compétition débouler de la côte Est, et organiser des rencontres médiatisées.

La journée était faste, le rouleau parfaitement formé. Les premiers pagayaient déjà vers le large, tandis que leurs groupies s'extrayaient des grottes, et jumelles à la main couraient vers la pointe pour assister aux performances de leurs demi-dieux. Deux, puis trois, puis vingt, ils émergeaient sur l'horizon, puis se déployaient en guirlande indécise suspendue au balancier des bras, avant que le plus agile n'attrape l'arête du *lefthander* et n'entame sur son flanc un feston rageur. La cérémonie avait commencé.

Debout devant la cave de Ralph, j'avais suivi éblouie leurs traversées tremblées, leurs danses heurtées entre ciel et eau, l'envol de leurs bras fendant l'air comme une voile. Boxeurs ramassés en boule au centre du rouleau, prenant de vitesse l'anneau qui se refermait, ou elfes patinant au sommet de la vague, jusqu'au bout ils bravaient la pesanteur des eaux, jusqu'à l'éjection finale de leur planche, sur un caprice de l'océan, qui leur faisait mordre l'eau comme on mord la poussière. Quelques élus glissaient immobiles vers la plage, portés en offrande par la mer qui les déposait doucement devant leur grotte.

Réunis plus tard dans l'abri de Ralph où ils se réchauffaient d'un café brûlant, ils n'avaient cessé d'observer le large, comme si leurs yeux y avaient pour toujours élu domicile, et supputaient déjà la taille du prochain rouleau. Leurs visages étaient dilatés, sur leurs lèvres flottait le même sourire, ils semblaient heureux et vidés, comme après l'amour. Craig s'était approché de moi, il était ému : « Les vagues sont comme des émotions, danser avec leur énergie nettoie de tout, réconcilie avec le monde. Quand tu glisses à l'intérieur du rouleau, le temps s'arrête, l'espace s'agrandit, et pendant que tu files à pleine vitesse, tu enregistres tout : la moindre petite goutte qui tremble au-dessus de ta tête, un rai de lumière arc-en-ciel, les yeux fixes d'une daurade… et à la sortie tu te sens expulsé comme un bébé, comme si tu renaissais. Tu comprends pourquoi ils sont tous silencieux, après. »

Australie, les pistes du rêve

Le littoral australien s'étend sur plus de 30 000 kilomètres. Pas étonnant donc que les Australiens accordent tant d'importance à l'océan. Les grandes métropoles sont situées sur les rives, et des millions d'Australiens y habitent. Aux beaux jours, qui sont fréquents, la population se tourne vers la plage. Les enfants, tout jeunes, apprennent à bodysurfer[1], avant de passer au surf. Ils apprennent

1. Le bodysurf consiste à attraper les vagues, en utilisant son corps comme planche de surf.

également à apprivoiser l'océan, où des courants trompeurs – les *rips* –, sont parfois très dangereux, beaucoup plus que les attaques de requins. L'Australie est la patrie des nageurs, elle revendique l'invention du crawl. C'est aussi, bien sûr, celle des surfeurs, comptant de nombreux champions du monde. Et pour protéger les baigneurs, le pays a créé le *Surf lifesaving*, mouvement de sauveteurs-nageurs en mer, tous bénévoles, qui patrouillent les plages, depuis 1907. Aujourd'hui encore, le sauveteur en mer, avec son bonnet rouge et jaune, prêt à porter assistance en s'aidant de sa planche pour affronter le courant, est une icône australienne. Symbole de l'entraide entre Australiens.

ROBYN DAVIDSON

L'esprit du Bush

Dans les années 1970, Robyn Davidson, jeune Australienne, forme le projet fou de traverser les déserts centraux du pays, à dos de chameau. Malgré les critiques, elle parcourt 2 000 kilomètres à travers l'Australie-Occidentale, avec ses trois chameaux. Elle publiera ensuite son récit, Seule dans les déserts d'Australie. *Après déjà plus d'un millier de kilomètres derrière elle, dans des conditions extrêmement difficiles, l'auteur est hébergée par une famille de fermiers.*

J'avais raison au sujet des habitants de Glenayle. Ils étaient non seulement intelligents mais également charmants, aimables, généreux et firent semblant de ne pas remarquer mes excentricités. [...]

Plus je liais connaissance avec ces gens, plus leur sens de l'humour, stoïque et irrésistible, m'impressionnait. Ils avaient toutes les raisons du monde pour se mordre les doigts, pleurer et se lamenter sur leur sort. Le bétail tombait partout, les chevaux étaient des squelettes ambulants qui essayaient de manger des épines, faute de mieux, et il n'y avait pas un nuage dans le ciel. Glenayle était l'élevage le plus éloigné à l'intérieur du désert, et c'est peut-être cet éloignement qui a fait des Wards une famille si unie. De plus, Henry était un spécialiste de la brousse, il adorait ce pays. Les Wards n'auraient pas échangé leur place avec un citadin pour tout l'or du monde. Pendant mon séjour, ils m'emmenèrent rassembler le bétail, les quelques bœufs encore vivants. L'argent que rapportait cette viande couvrait tout juste les frais de transport, et encore ! Nous campions la nuit. Mangeant de la viande, nous riions et chantions des airs de Slim Dusty, vantant les mérites des mères.

Pour ceux qui ne le connaissent pas, Slim Dusty est le plus grand chanteur contemporain de country-music de toute l'Australie. Si la plupart de mes amis se moquent de moi lorsque j'écoute ses chansons, c'est parce qu'ils n'ont jamais assisté au rodéo de Mount Isa. Il faut avoir vécu un spectacle aussi vieux jeu pour comprendre la force émotionnelle de ce poète de la brousse australienne. Il faut avoir été réveillé à 4 heures du matin par la voix de Slim hurlant dans les haut-parleurs pour sortir les concurrents de leurs rêveries éthyliques et les stimuler pour les choses importantes de la vie : la monte des chevaux sauvages, la capture des veaux au lasso et la boisson. Il faut l'avoir entendu gratter sa guitare et fredonner pendant toute une semaine. Il faut avoir traîné dans le pub local, connu sous le nom de « trou à serpents », et bu avec les copains des copains, dansé au son vibrant de la guitare d'un cow-boy quelconque, accompagné par une cow-girl défraîchie et vêtue de paillettes. Et enfin, comble du comble, il faut, le dernier soir du rodéo, avoir fait partie d'une assistance grisée par l'alcool, lorsque Slim apparaît en chair et en os, vêtu d'une chemise de soie mauve, un chapeau sur la tête, et accompagné d'étonnants musiciens. Alors, il vous émeut aux larmes.

Seule dans les déserts d'Australie,
traduit de l'anglais par Bernardine Poylo

La vie dans le bush est difficile, et les habitants ont un grand sens de l'entraide. Ainsi, les médecins volants distribuent une trousse de secours très étoffée à une exploitation qui la partagera avec les fermes et travailleurs agricoles alentour. Pas question dans le bush de ne pas aider les autres, car cela pourrait s'avérer mortel. Il résulte de cela que les habitants du bush ont un sens de l'hospitalité développé. Et également un sens de l'endurance poussé. Régulièrement frappés par la sécheresse, les fermiers australiens demeurent sur leur exploitation, et se retrouvent parfois à l'occasion de rodéos dignes des westerns.

JOHN ANDERSON

Nature et poésie

John Anderson (1948-1997) a publié trois recueils de poésie. Son sujet de prédilection est le paysage australien, et en particulier les endroits négligés, déserts et routes. Ici, il évoque les formes les plus diverses de la nature australienne, sa faune étonnante et ses formations géologiques, qui frappent le visiteur dès son arrivée.

Le rire du kookaburra est perçu comme l'extrême
rafale d'un rire qui est très profond
le ciel et la terre encore plus éloignés l'un de l'autre

depuis le jour de la première séparation

le ciel s'est retiré plus haut, la terre s'est faite plus
   épaisse plus dense

ceci est un territoire à la présence terrestre approfondie

Kosciusko, Uluru, la meule, la flaque, les rochers
usés de la même façon lisses et entamés

toutes formes élaborées plus avant sous le vaste dôme

une association de pierres, de montagnes
une congrégation de montagnes, de pierres

le kangourou incliné, les replis marsupiaux des collines

les montagnes blotties, allongées, posées

une fissure prolongée entre le ciel et la terre à l'image de
la structure ouverte et fine du gommier

à travers la flore imaginant la distorsion encore plus
grande des feuilles,
l'angle et la distance encore plus marqués entre des
feuilles en forme de mandalas,

l'angle et l'élaboration de ses piques, de ses cœurs, de
ses carreaux, de ses trèfles

un petit tour dans les feuilles et une rumination
partagée entre
toutes choses

un murmure rauque
l'affinité qu'il y a entre l'arbre, le reptile et le
kookaburra

et un regard voyou qui est le clin d'œil de la géologie
intérieure du pays

l'œil hirsute qui tourne son regard en arrière vers le
banksia et l'hakea

l'œil de l'émeu, l'œil du varan, l'œil du
courlis des pierres, de la podarge mordorée, l'œil du
serpent

une terre de reptiles, des formes qui glissent sur le sol

et l'ornithorynque, l'échidné, les espèces d'oiseaux qui sont de proches
dérivés de ceux-là

les reptiliennes courbes relâchées des troncs de gommiers
à l'odeur citronnée

une coïncidence dans les marques du courlis des pierres et de la phalène

dans les barbes de l'émeu et du chêne, les plumes d'oiseaux lyres et
les frondes des fougères, formes de perroquets et de feuilles de gommier

la plate-forme des rochers acceptant son entourage, des lignes
d'escarpement des plateaux, et le bloc lisse du continent
qui longe la longue falaise de Bight

chaque dessin de lézard et de serpent, le contour de
chaque feuille de banksia,
chaque griffonnage sur le tronc de l'arbre une fine dictée, une retouche
intérieure de tout l'esprit, de tout le pays

la face blanche du héron
barbouillée de boue avec un bâton effilé

des formes à ce jour tenues en place par quelque égal balancement
dans la danse des atomes autour de la planète
dans un remous de l'océan et du clair de lune sur le plancher du ciel

je trouve mon esprit dans les bois

« The forest set out like the night » (extraits)
in Philip Hammial, *Vingt-cinq poètes australiens*,
traduit de l'anglais par Nicole et Émile Martel

La poésie a trouvé de grandes plumes en Australie. Beaucoup furent inspirés par la nature du bush, l'arrière-pays. Henry Lawson (1867-1922) a chanté la vie et les conditions de vie des habitants du bush. Mais son œuvre était également politique, son premier poème, publié en 1887, étant ainsi *A Song of the Republic.* Son contemporain, Andrew Barton « Banjo » Paterson (1864-1941), était un autre poète du bush. On lui doit « Waltzing Matilda », chant populaire, qui fut presque adopté comme hymne national. Il est également l'auteur du célèbre *The Man from Snowy River*, racontant l'échappée d'un pur-sang. Le poème, qui a inspiré un film, s'ouvre sur ces lignes mémorables :

"There was movement at the station, for the word had passed around
That the colt from Old Regret had got away,
And had joined the wild bush horses"
(Il y a du mouvement à la ferme, le mot est passé,
Le poulain du Vieux Regret s'est échappé,
Et a rejoint le troupeau des chevaux sauvages)

L'un des poètes actuels les plus reconnus internationalement est sans contexte Les Murray (né en 1938), qui a publié une trentaine de volumes de poèmes. Quant aux femmes, elles sont présentes également ; on citera en particulier Judith Wright (1915-2000), auteur prolifique qui se consacra à la défense de l'environnement dans des poèmes inspirés par la nature, mais aussi à la lutte en faveur des droits des aborigènes.

BRUCE CHATWIN

Art

À Alice Springs, les magasins d'art aborigène pour touristes sont légion. Dans Le Chant des pistes, *Bruce Chatwin évoque le sens du commerce de Mrs. Lacey, vendeuse d'art, experte dans l'art d'embobiner les touristes. Un bel exemple de l'esprit australien, qui n'hésite pas à se payer parfois la tête des clients.*

Mrs. Lacey offrait beaucoup moins pour les peintures que les galeries de Sydney ou de Melbourne mais elle les revendait aussi beaucoup moins cher et tous ses tableaux se vendaient.

Parfois, quelque travailleur social blanc l'accusait d'« exploiter » les artistes ; mais l'argent venant de Sydney ou de Melbourne, était happé au passage par des coopératives aborigènes alors que Mrs. Lacey payait comptant, rubis sur l'ongle. Ses « boys » avaient le sens des affaires et continuaient à fréquenter la librairie.

Nous suivîmes Stan à l'intérieur.

« Tu es en retard, grand idiot ! » dit-elle en réajustant ses lunettes.

Il se glissait vers le bureau, entre deux clients et le rayonnage.

« Je t'avais demandé de venir mardi, dit-elle. Le monsieur d'Adélaïde était ici hier. Maintenant il va nous falloir attendre un mois de plus. »

Les clients, un couple de touristes américains, hésitaient entre deux albums. L'homme avait un visage hâlé, couvert de taches de rousseur et portait un bermuda bleu et une chemise de sport jaune. La femme était blonde, plutôt jolie, mais les traits tirés et vêtue d'une robe de batik rouge décorée de motifs aborigènes. Les livres étaient *Australian Dreaming* (« le Rêve australien ») et *Tales of the Dreamtime* (« les Contes du Temps du Rêve »).

Le vieux Stan posa le paquet sur le bureau de Mrs. Lacey. Il balançait sa tête de droite à gauche en murmurant quelque excuse. Il dégageait une odeur de moisi qui emplissait la pièce.

« Tu es bête ! » lança Mrs. Lacey d'une voix suraiguë. « Je te l'ai déjà dit mille fois. Le monsieur d'Adélaïde ne veut pas des tableaux de Gideon. Il veut les tiens. »

Arkady et moi nous tenions à distance, au fond, près du rayon des études aborigènes. Les Américains s'étaient approchés, en tendant l'oreille.

« Je sais que les goûts ne s'expliquent pas, poursuivit Mrs. Lacey. Il dit que tu es le meilleur peintre de Popanji. C'est un important collectionneur. Il doit s'y connaître.

– Est-ce bien vrai ? demanda l'Américain.

– Oui, répondit Mrs. Lacey. Je peux vendre tout ce que M. Tjakamarra produit.

– Peut-on jeter un coup d'œil ? demanda la femme. Je vous en prie.

– Ce n'est pas de moi que cela dépend, répliqua Mrs. Lacey. Il faut que vous demandiez à l'artiste.

– Est-ce que nous pouvons… ?

– Est-ce qu'ils peuvent… ? »

Stan trembla, haussa les épaules et se couvrit le visage de ses mains.

« Vous pouvez », dit Mrs. Lacey en souriant doucement et en entaillant le plastique avec ses ciseaux.

Stan retira ses doigts de son visage et prit une extrémité de la toile pour aider Mrs. Lacey à la déballer.

Le tableau, d'environ un mètre vingt de large sur un mètre de haut, présentait un fond de touches pointillistes dans diverses nuances d'ocre. Autour d'un gros cercle bleu occupant le centre de la toile étaient disséminés plusieurs cercles plus petits. Les cercles, frangés d'une bordure écarlate, étaient reliés entre eux par un lacis de lignes ondulées rose vif ressemblant un peu à des intestins.

Mrs. Lacey prit sa seconde paire de lunettes et demanda : « Qu'est-ce que tu as là, Stan ?

– Fourmi à miel, murmura-t-il d'une voix rauque.

– La fourmi à miel, dit-elle en s'adressant aux Américains, est un des totems de Popanji. Cette peinture est un rêve de fourmi à miel.

– Je pense que c'est très beau, dit l'Américaine, pensivement.

– C'est comme une fourmi ordinaire ? demanda l'Américain. Comme un termite ?

– Non, non, dit Mrs. Lacey. Une fourmi à miel est quelque chose de très spécial. Les fourmis à miel se nourrissent de la sève de mulga. Le mulga, c'est un arbre que nous avons ici dans le désert. Ces fourmis ont des sacs à miel sur leur queue. Elles ressemblent à des bulles de plastique translucides.

– Vraiment ? s'exclama l'homme.

– J'en ai mangé, dit Mrs. Lacey. C'est délicieux !

– Oui », soupira l'Américaine. Elle regardait fixement le tableau. « Dans son genre, ce tableau est vraiment magnifique !

– Mais je ne vois pas une seule fourmi ici, dit l'homme. Vous voulez dire que c'est comme... comme la peinture d'un nid de fourmis ? Ces tubes roses sont des galeries, c'est bien cela ?

– Non. » Mrs. Lacey avait l'air quelque peu découragé. « Le tableau représente le voyage d'un ancêtre Fourmi à miel.

– Comme une carte routière ? sourit l'Américain. C'est cela, je pensais bien que ça ressemblait à une carte routière.

– Exactement », dit Mrs. Lacey.

L'Américaine, pendant ce temps, ouvrait et fermait les yeux pour voir quelle impression le tableau ferait sur elle lorsque, finalement, elle les laissa ouverts.

« Magnifique ! » répéta-t-elle.

Le chant des pistes,
traduit de l'anglais par Jacques Chabert

Avec leur art, les communautés aborigènes symbolisent le Temps du rêve et leur monde. En fonction des groupes et des régions, diverses formes artistiques ont été privilégiées depuis des millénaires. On trouve d'innombrables exemples d'art rupestre en Australie, en particulier dans le parc de Kakadu, à travers l'Arnhem Land dans le Territoire du Nord, ou encore sur la péninsule du Burrup, en Australie-Occidentale. Certaines peintures datent du dernier âge glaciaire. Parfois, les peintures montrent des visages, ou évoquent l'arrivée des colons.

À partir des années 1970, un art aborigène contemporain a commencé à se développer. Dans le Territoire du Nord, des missionnaires encouragent alors les aborigènes à peindre sur de l'écorce. Dans le désert central, à Papunya, la peinture sur acrylique naît, et un genre nouveau, le style pointilliste, apparaît. Aujourd'hui, d'autres communautés se sont imposées ; ainsi les habitants des îles Tiwi se font connaître pour leurs gravures sur bois. Désormais, la peinture aborigène est reconnue à travers le monde, et les œuvres – qui se vendent parfois des centaines de milliers de dollars – sont présentes dans les grands musées, et dans les collections du monde entier. Quant aux artistes eux-mêmes, ils restent la plupart du temps dans leur communauté, où ils puisent leur inspiration.

TIM WINTON

L'amour du jeu

Tim Winton est né en 1960 à Perth, en Australie-Occidentale. Il s'agit de l'un des auteurs contemporains les plus populaires aujourd'hui. La plupart de ses romans se situent en Australie-Occidentale, sa région d'origine. Dans Cloudstreet, *saga familiale magnifique qui a remporté le Miles Franklin award en 1992, il évoque la rencontre de deux familles : les Lambs et les Pickles, partageant la même maison. Sam Pickles et Lester Lamb, les deux chefs de famille, sont partis parier aux courses.*

Mais l'après-midi, et tout l'après-midi, il sembla à Lester Lamb qu'il était un gagnant. Le pire qu'il pouvait faire, apparemment, était de miser sur un cheval qui se contentait d'arriver placé et à un cheveu de la victoire, mais passé midi, l'estomac garni de nourriture et Sam Pickles à ses côtés les yeux aussi exorbités qu'un anachorète et soutirant des tuyaux du moindre passant bien sapé, Lester ne pouvait pas perdre. Ses poches étaient bouffies d'argent et il sentit comme un délire s'emparer de lui à l'approche de la dernière course de la journée quand Blackbutt bondit avec tous les autres à l'ouverture de la boîte et fut, l'espace d'un instant, englouti dans le nuage sale soulevé par le voltigement des sabots et des mottes de terre de la mêlée du départ. À l'ouverture de la dernière course, Lester avait les poches vides.

C'était tout ou rien. C'était le test décisif. Il avait décuvé à présent et dû faire appel à toute sa volonté pour tendre ces petits rouleaux bien serrés à Sam qui les compta devant le bouc. Des hommes balançaient des coups de pied dans la poussière, il entendait des femmes rire. Le bouc les regardait, le sourcil en l'air, et ne sourit qu'après leur avoir remis leurs tickets.

Dernière fois que j'vous vois aujourd'hui, les gars.

Attends-toi à nous revoir, mon pote, dit Sam.

C't'un cheval fatigué ça.

C't'un gagneur.

T'as vu la cote.

J'suis un priseur, mon pote, dit Sam avec un sourire. Et j'reviendrai avec eux, dit-il en agitant les tickets, et j'verrai ton sourire changer de côté.

Aussi lorsque les têtes, les cuisses, les bras des jockeys furent catapultés sur la piste dans une grande et solide masse de désespoir, Lester Lamb avait les poumons pleins et les poings serrés. La troupe déferla et s'espaça au premier virage. Mottes d'herbe et cravaches épaississaient l'air.

Un temps, Lester ne put distinguer la place de chacun; il n'arrivait même pas à comprendre le débit rapide du commentateur de la course dans les haut-parleurs. Là-bas, dans la longue ligne droite de l'autre côté de la piste, la troupe s'allongeait. À côté de lui, Sam Pickles souriait derrière les jumelles. Lester remarqua une mouette solitaire au-dessus de la piste, flânant dans la spirale de quelque courant ascendant. Il savait qu'il aurait dû être chez lui avec sa famille. Alors que les chevaux de tête abordaient le virage, il se mit à hurler comme un possédé. Les yeux des chevaux étaient comme des pierres, leurs pattes frappaient le sol. Il entendait leurs grognements torturés, le bruit de soufflet de forge de leur respiration. Leurs crinières déployées claquaient. Les genoux des jockeys remontaient haut contre les encolures et Lester entendait les appels brefs des cavaliers s'excitant mutuellement. Trois chevaux épaule contre épaule se détachèrent dans la dernière ligne droite, allongeant leurs grands corps longs et luisants, têtes baissées labourant le vent, tendus vers le but, tant et si bien que la contagion de leur bruit et de leurs halètements jeta la foule massée au poteau dans un abandon dansant et délirant. Lester rit, rugit, sentit la foule battre ses flancs, et alors que les chevaux passaient dans un bruit évoquant une volée de coups dans une ruelle, il perçut le petit gloussement grêle de Sam Pickles, et quasiment rien d'autre. Quand les traînards franchirent le poteau, la foule soupirait déjà. Lester Lamb eut l'impression que c'était comme les dernières secondes avec une femme lorsque la chaleur soudain se change en sueur et que la puissance devient fatigue. Ah oui, c'était comme le sexe, et il était exultant et honteux, il n'aurait pu s'arrêter de rire pour tout l'amour du paradis.

Blackbutt ! hurla l'homme au porte-voix. C'est Blackbutt, tonnerre !

Cloudstreet,
traduit de l'anglais par Nadine Gassie

Les Australiens sont des parieurs impénitents. Les courses de chevaux ont leur prédilection, mais ils parient au fond sur tout. Lorsqu'en raison d'un risque d'épizootie, des courses durent être annulées dans un hippodrome de Sydney, en 2007, ils firent même venir des chameaux pour courir à leur place. Quant aux machines à sous, elles font partie des meubles dans la plupart des pubs. Parmi les jeux d'argent, le *two up* est un phénomène typiquement australien. Sorte de jeu de pile ou face, pratiqué par les bagnards au XIXe siècle, il fut beaucoup joué, durant les deux guerres mondiales, par les « Diggers », c'est-à-dire les combattants australiens. En conséquence, même s'il est illégal de pratiquer le *two up* en dehors des casinos, une exception est faite chaque année lors de l'Anzac Day[1], la journée des combattants, le 25 avril.

1. Anzac signifiant the Australian and New Zealand Army Corps : les corps armées d'Australie et de Nouvelle-Zélande. Les RSL clubs (Returned Servicemen's League) sont répandus à travers le pays : il s'agit de pubs, mais également de lieux de rencontre pour les anciens combattants. L'Australie s'est engagée auprès de la Grande-Bretagne durant les deux guerres mondiales. On l'ignore souvent, mais c'est le pays qui a eu, proportionnellement à sa population, le plus grand nombre de soldats morts ou blessés durant ces deux conflits.

D.H. LAWRENCE

Bord de mer

En 1922, le célèbre romancier britannique D.H. Lawrence (1885-1930), sur la route de l'exil, passe plusieurs mois en Australie, en particulier dans la ville côtière de Thirroul, avant de partir aux États-Unis. De cette expérience, il tira deux romans : Jack de la Brousse, *situé en Australie-Occidentale et* Kangourou. *Dans ce dernier, l'écrivain Richard Somers et son épouse Henriette s'installent en Nouvelle-Galles du Sud, où ils s'intéresseront à la politique locale. Peu à peu Richard se laisse séduire par la beauté australienne. Au point d'hésiter ensuite à quitter le pays.*

Le matin, la mer dorée ondulait sous la force du vent de terre, et de longues lignes droites se dressaient comme du cristal vert, puis se brisaient en neige, et remontaient le rivage, comme de la neige fondue. Quelquefois, on apercevait la nageoire noire et dissimulée d'un requin. L'eau était très claire, très verte, comme de cristal vert étincelant. Puis, c'était un autre gros poisson, avec des nageoires toutes bosselées qui se dressaient hors de l'eau, et, horreur ! dans l'eau verte, une grande gueule rouge, large ouverte. Un jour les nageoires des dauphins vinrent tout près, tout près, au point qu'elles semblaient dépasser le bord de l'eau. Et soudain, ô merveille ! ils furent saisis dans le mur vert de l'eau montante, et pendant une seconde, ils restèrent suspendus dans l'eau verte et brillante de la vague, cinq gros dauphins noirs, toute une petite bande, dans l'eau profonde. Et comme la grande vague se ployait avant de se briser, ils eurent un mouvement vif comme l'éclair. Ils bondirent vers la mer, bondirent loin de l'horreur écumeuse du rivage. Et on les voyait, cette petite école noire, dans l'eau laquée, haletants, imaginait Richard, de l'émotion de la fuite. Puis un des plus hardis s'en revint faire un nouvel essai ; il plongea hors de l'eau, au-dessus d'une vague, et la tête lui toucha la queue comme il plongeait encore.

Les oiseaux de mer tournoyaient sans cesse ; de gros oiseaux à dos noir, comme les albatros, avec un grand étalage d'ailes ; et les boubies blanches et étincelantes, qu'on eût dit argentées comme des poissons en l'air. Brusquement, ils entraient comme des bombes dans la vague, et ils recrachaient l'eau qu'ils avaient absorbée. Puis ils glissaient hors de l'eau, glissaient hors de l'Océan avec une sorte de joie rusée.

Et des navires marchaient sur la crête de la mer, lançant une fumée noire. Une mer vaste, dure, haute, avec de minuscules nuages, pareils à des îles de mirage, loin, bien loin au-delà du bord.

Richard voyait tout cela, tandis qu'il travaillait dans la véranda, ou qu'assis à table dans la chambre, il regardait par la porte ouverte. Mais c'était généralement l'après-midi qu'il descendait vers la mer.

C'était son occupation de l'après-midi de descendre jusqu'au bord de mer et d'errer lentement sur le sable ferme, juste à l'endroit où s'arrête l'écume. Parfois, les hautes vagues tournaient comme des roues de moulin tout le long du rivage. Quelquefois, elles étaient plus petites, plus confuses, comme le courant tournait. Quelquefois, ses yeux restaient fixés sur le sable, regardant le varech, les grosses vessies marines que rejetait la mer, les petites éponges pareilles à des bâtonnets roulant dans le vent, et une fois, une fois seulement, ces sacs pleins d'air, d'un bleu féerique, comme des sacs d'arc-en-ciel à longs cordons bleus.

Il savait tous les endroits où l'on trouvait les différents coquillages, les blancs, les noirs et les rouges, ceux qui ont les couleurs de l'arc-en-ciel, et les innombrables petits limaçons noirs qui vivent dans les mares sur les roches plates. Les roches plates allaient jusqu'à la jetée au charbon, et entre elles, il y avait de petites criques pleines de cailloux noirs et friables, de charbon de mer. Quelquefois, un couple de maraudeurs oisifs, occupés tout le jour à racler la grève, ramassaient les plus gros de ces cailloux et les mettaient dans de grands sacs.

Sur les roches plates, il y avait des mares d'eau claire, où maintes fois il mit le pied, parce qu'on ne les voyait pas. Les cailloux colorés étincelaient, les anémones rouges se refermaient. Il y avait de hideux petits poissons, gros et courts, qui filaient avec la vitesse de l'éclair, gris, à bandes noires. Un marmot disait qu'on les appelait crapauds. « On ne peut pas les manger. Ils vous tueront si vous essayez. Impossible de manger du poisson noir. Voyez-moi en attraper un de ces crapauds. » Tout cela d'une voix haute et perçante qui dominait le bruit des vagues. Richard admirait le calme du marmot, seul tout le jour sur le vaste rivage, comme une petite créature sauvage, lui aussi. Mais c'était ainsi qu'étaient ces gamins : des créatures étonnantes et maîtresses d'elles-mêmes. On eût dit que personne n'était responsable pour eux, comme de jeunes elfes, depuis le moment où ils étaient éclos. Ils aimaient bien Richard et le patronnaient d'une manière amicale et pourtant timide. Mais c'étaient eux qui étaient les responsables; ils traitaient les grandes personnes avec une indulgence douce, un peu lointaine, et cela amusait toujours l'ami Richard de voir les petits Australiens supporter la responsabilité de leurs parents. « Ce n'est qu'un pauvre vieux papa, vous savez. Un jeune comme moi doit avoir l'œil sur lui, pour voir si tout va bien. « Tel était le ton de ces gamins de dix et onze ans. Et ils étaient charmants; beaucoup plus gentils que les plus grands, ou que les hommes.

La jetée tenait ses énormes poutres grises, comme un vaste pont, à califourchon sur les sables et les roches plates. Sous le pont il faisait plutôt sombre, entre les gigantesques poutres de bois. Mais c'était là que Richard trouvait les meilleurs de ses coquillages plats, en forme de disques ovales, avec leur volute et leur œillet bleu. Près de la rive, pendaient des rideaux de plantes grimpantes jaunâtres, et un gros convolvulus d'un rose ardent fleurissait avec des teintes bizarres. Un aloès lançait en l'air son haut piquant, tandis qu'il se mourait à sa base. Un petit promontoire herbeux ressortait, et les roches plates filaient sombres jusque dans la mer, où les vagues blanches rôdaient de trois côtés différents.

Kangourou,
traduit de l'anglais par Maurice Rancès

PHILIPPE FAURE-BRAC

Le vin d'un nouveau monde

Philippe Faure-Brac, consacré meilleur sommelier au monde en 1992, a dédié un ouvrage aux recettes du monde entier et aux vins les accompagnant. Il propose ici des brochettes de canard sauvage marinées au satay et pousses de bambou, accompagnées d'un syrah.

Le climat tempéré du secteur des monts d'Adélaïde, en Australie, convient parfaitement au cépage syrah. C'est d'ailleurs dans cette région que se trouve le vignoble historique de Magill, qui a donné naissance à l'un des vins les plus célèbres du pays, le Penfolds Grange. Tout le nord d'Adelaïde Hills est planté de syrah et de cabernet-sauvignon – deux cépages qui profitent au mieux de l'exposition très ensoleillée des contreforts des collines pour parvenir à maturité ; le sud de la région – le plus frais dans cette partie du monde – est plutôt tourné vers les vins blancs, puisqu'il est planté de chardonnay et de sauvignon.

En Australie, les rouges issus de syrah offrent des parfums typiques du cépage : cassis, mûre, quetsche, avec des finales d'eucalyptus légèrement mentholées. Mais leur puissance aromatique témoigne des conditions climatiques dans lesquelles a grandi la vigne. Leur couleur très dense, leurs arômes amples d'épices poivrées en font d'excellents vins de grillades. Je les aime plutôt jeunes, vers trois ou quatre ans, bien qu'ils soient parfaitement capables de vieillir davantage. Leur personnalité leur permet de s'affirmer face à des plats charnus et bien relevés.

La chair de ce canard sauvage est tout à fait digne d'intérêt : elle a de la densité et un goût fin et puissant. On peut la détailler pour en faire des brochettes, comme ici. Le mieux est de la laisser mariner quelques heures dans une préparation de satay, cette sauce d'origine thaï qui mélange poudre de cacahuète et piment. Il ne faut pas forcer sur le piquant et éviter de mettre le palais en feu, car le vin se révélerait trop chaleureux lui-même pour éteindre un incendie.

BROCHETTES DE CANARD SAUVAGE MARINÉES AU SATAY ET POUSSES DE BAMBOU

6 filets de canard sauvage en fines lamelles
400 g de pousses de bambou en lamelles
2 carottes en bâtonnets, 2 céleris en bâtonnets
1 cuil. à soupe de sauce soja
1 cuil. à soupe d'huile, sel, poivre
Pour la marinade :
3 cuil. à soupe de pâte d'arachide
1 cuil. à soupe de satay
20 g de gingembre frais
1 cuil. à soupe d'huile, 1 jus de citron

Préparer la marinade. Mélanger le satay avec la pâte d'arachide, le gingembre râpé, l'huile, le citron et 2 cuil.

à soupe d'eau. Découper les filets de canard en lamelles, les piquer sur des brochettes en bambou et les badigeonner de marinade. Les disposer dans une assiette, couvrir d'un film alimentaire et laisser mariner 2 heures. Faire sauter les légumes avec une goutte d'huile dans un wok (ils doivent rester croquants). Assaisonner avec la sauce soja et une pincée de poivre. Faire griller les brochettes quelques minutes sur des braises vives, servir avec les légumes.

Vins et mets du monde, Saveurs complices
© EPA, 2004

Avec ses sols et climats variés, l'Australie propose une large gamme de vins, qui remportent de plus en plus de succès à l'étranger. Dès 1788, des vignes furent plantées sur l'île-continent, à l'arrivée de la Première Flotte. Puis la viticulture s'est rapidement développée au XIXe siècle. L'arrivée de migrants européens, après la seconde guerre mondiale, a donné un nouvel élan à la production, tout comme l'introduction de cépages européens dans les années 1960.
Désormais, l'Australie compte plus de 1 500 domaines viticoles, à travers 80 régions.
La Nouvelle-Galles du Sud est connue en particulier pour les vins de la Hunter Valley, où de premiers vignobles ont été créés dès 1827. Le Victoria, avec en particulier la région de la Yarra valley, est également un État vinicole important. Melbourne a d'ailleurs une réputation de capitale culinaire. L'Australie-Méridionale est aussi réputée : la viticulture s'est développée dès la seconde moitié du XIXe siècle dans la Barossa valley, autour d'Adélaïde.
Depuis les années 1990, les vins australiens ont réussi à s'imposer sur le marché international, avec leurs arô-

mes soutenus. L'Australie exporte ainsi des centaines de millions de litres vers 80 pays différents. Pour le grand plaisir des Australiens, qui n'aiment rien tant que vanter les mérites de leurs bouteilles.

KENNETH COOK

Au pub

Le Koala tueur *est un recueil hilarant de textes de l'écrivain et journaliste Kenneth Cook (1929-1987), qui a décrit l'Outback dans de nombreux récits. Avec ses nouvelles consacrées aux animaux et personnages australiens les plus emblématiques, l'auteur moque les clichés profondément ancrés. Arrivé dans la ville minière de Coober Pedy, le narrateur va assister à un exploit unique : un buveur accepte de boire cent canettes de bière pour relever un défi.*

Sans être bondé, le pub était bien fréquenté, plein d'hommes roses. Presque tous les hommes de Coober Pedy sont de cette couleur, car la poussière rose des exploitations d'opale s'incruste dans leur peau de mineurs. À moins que ce soit parce qu'ils ne se lavent jamais; il faut avouer que l'eau de la ville n'est guère ragoûtante.

Je commandai un demi, le trouvai délicieusement frais comme toujours dans l'outback australien (c'est d'ailleurs souvent le seul signe de civilisation dans l'arrière-pays) et, comme à mon habitude, je m'intéressai aux conversations en cours.

À côté de moi, deux hommes roses échangeaient des propos absurdes, comme ils le sont généralement dans les pubs de l'outback dès que tout le monde a cinq bières dans le nez. Accoudés au bar, ils se dévisageaient avec intensité. Comme deux poupées grotesques au visage buriné, ils poursuivaient leur discussion inepte.

– Il en est capable.

– Ça va le tuer.

– Faut compter quatre heures et ça risque pas de le tuer. Rien peut le tuer.

Je tendis l'oreille et notai une inflexion hystérique dans le ton de leur voix. L'échange, à l'instar du crissement d'une scie circulaire, se dégageait du brouhaha des autres consommateurs. De toute évidence, ils avaient pris l'habitude de communiquer ainsi, quinze mètres sous terre, dans le vacarme des marteaux-piqueurs.

– Tu crois que ça le tuerait de boire cent canettes en quatre heures ?

– Ça tuerait n'importe qui.

– C'est pas n'importe qui.

Ils se dévisagèrent en silence, le débat prenant d'autant plus d'importance dans leur esprit que la bière coulait dans leur gorge.

– Et comment tu peux me soutenir ça mordicus ?

– Parce que je le soutiens mordicus.

Le plus vieux, d'âge moyen, avait des épaules nues couvertes de poils blancs. Enfin, ils auraient été blancs s'il les avait débarrassés de leur poussière rose. Son visage était flétri et nécrosé par des années passées à fouiner sous terre le matin et à boire de la bière l'après-midi. À moins qu'il ne soit né avec un visage flétri et nécrosé.

Son compagnon, plus jeune – la trentaine environ –, était un peu gros mais avec les épaules larges et les bras musclés des mineurs d'opale. Si les hommes continuaient à creuser sous terre quelques générations de plus, ils développeraient sans doute des torses et des bras semblables à ceux des wombats. Le jeune, qui ne s'était pas rasé de trois jours, ressemblait d'ailleurs à un wombat à museau poilu. Mais pas entièrement non plus, car examiné de près, le visage d'un wombat parvient à être expressif, alors que celui de ce personnage n'était qu'une pâtée dégoulinante de physionomie atone. Avec sa barbichette rosacée, on aurait dit un reste d'œufs à la neige sur lequel une étrange moisissure aurait proliféré.

– Si t'es si sûr de toi, tu dois être prêt à parier ?

– Bien sûr que je suis prêt à parier.

Le koala tueur, et autres histoires du bush,
traduit de l'anglais par Mireille Vignol

GLOSSAIRE

Quelques expressions et mots utiles

Akubra : le chapeau en toile classique porté par les fermiers.
Aussie : diminutif pour Australien. Prononcer « ozie ».
'Av a go : « essayez ».
Barbie : barbecue.
Bush : la campagne. Le bush n'est pas encore l'Outback, mais ce n'est déjà plus les zones urbaines.
Brekky : le petit-déjeuner, les Australiens aimant particulièrement raccourcir les mots.
BYO : « Bring your own ». Vous devez apporter votre propre bouteille au restaurant.
Crikey : exclamation de surprise.
Damper : le pain traditionnel du bush. Miche de pain faite de farine et d'eau.
Digger : combattant, soldat, et plus largement l'équivalent de « mate ».
Mate : mot essentiel en Australie, où tout le monde est le « mate » de tout le monde. Particulièrement bien venu pour dire bonjour : « G'day mate », qu'on traduirait improprement par « bonjour mon pote ».
Mozzies : les moustiques.
Outback : c'est l'arrière-pays, mais plus loin que le bush : les zones désertiques du continent australien.
Oz : l'Australie.
Pommie : un Anglais.
Roo : diminutif pour kangourou, « kangaroo » en anglais.

Schooner : utile dans les pubs; un verre de bière, plus grand que le middie (petit verre de bière).
Sheila : femme – petite amie. Terme familier.
Struth! : équivalent de « Crikey ». Vient de « God's truth ».
Surf Lifesaving : mouvement populaire des nageurs sauveteurs bénévoles.
Tenner : un billet de dix dollars.
Thongs : la chaussure de plage, à porter n'importe où. Notre « tong » en français.
Waltzing Matilda : chanson nationale populaire, que beaucoup d'Australiens préféreraient à la place de l'hymne national officiel.

Tous mes remerciements à Line
pour son aide précieuse.

« Le goût de... »

Le goût de l'Abyssinie
Le goût de l'Afghanistan
Le goût d'Alexandrie
Le goût d'Alger
Le goût d'Amsterdam
Le goût d'Antibes
Le goût d'Athènes
Le goût de l'Australie
Le goût de Bali
Le goût de Barcelone
Le goût de Belgrade
Le goût de Berlin
Le goût de Beyrouth
Le goût de la Birmanie
Le goût de Bordeaux
Le goût de Bruxelles
Le goût de Budapest
Le goût de Buenos Aires
Le goût de Cannes
Le goût de Capri et autres îles italiennes
Le goût de la Chine
Le goût de la Corse
Le goût de la Croatie
Le goût de Cuba
Le goût de Dublin
Le goût de l'Égypte
Le goût de l'Engadine
Le goût de Florence
Le goût de Genève
Le goût de la Grande-Bretagne
Le goût de la Guadeloupe
Le goût de la Haute-Provence
Le goût des îles grecques
Le goût de l'Inde
Le goût des villes de l'Inde
Le goût d'Istanbul
Le goût de Jérusalem
Le goût des lacs italiens
Le goût de Lille
Le goût de Lisbonne
Le goût de la Loire
Le goût de Londres
Le goût de Los Angeles
Le goût de Lyon
Le goût de Madrid
Le goût de Marrakech
Le goût de Marseille
Le goût de la Martinique
Le goût de Mexico
Le goût du mont Blanc
Le goût de Montréal
Le goût du Mont-Saint-Michel
Le goût de Moscou
Le goût de Nancy
Le goût de Naples
Le goût du Népal
Le goût de New York
Le goût de Nice
Le goût d'Odessa
Le goût de Palerme
Le goût de Paris
(3 volumes : 1. Le mythe; 2. L'espace; 3. Le temps)
Le goût de Pékin
Le goût du Périgord
Le goût de Prague
Le goût du Rhin
Le goût de Rio
Le goût de Rome
Le goût de Saint-Jacques-de-Compostelle
Le goût de Saint-Pétersbourg
Le goût de Salzbourg
Le goût du Sénégal
Le goût de Séville
Le goût de Shanghai
Le goût de Strasbourg